Au gré des jours

Jean Cogno

Au gré des jours

ISBN : 979-10-377-7477-4

Préface

Ce livre est le récit de ma vie dans les Alpes. Il relate mes joies, mes peines, la lutte pour mon fils autiste pour que les différences soient acceptées.

Je remercie le lycée Sévigné et sa Proviseure ainsi que madame Lubrano Lavadéra pour la saisie de mon manuscrit.

Hommage à mes parents

Mes parents, je veux vous rendre hommage car si vous ne m'aviez pas mis au monde, je ne serais pas là pour écrire ce livre.

Mon père, ce héros

En 1914, au mois d'octobre, Jean Cogno est né, cadet d'une fratrie de douze enfants.

Sa mère est morte tragiquement, fauchée par une camionnette sur la route de Bréziers. À ce moment-là, il y avait peu de voitures. Malheureusement, ce drame est arrivé.

Mon père et son frère aident leur père à élever ses frères et sœurs. De petite taille, je ne suis guère plus grand que lui du haut de mon mètre soixante-trois. Néanmoins, je suis aussi têtu que lui.

Avant la guerre de 1939-1945, mon père est soldat dans la cavalerie. Il m'a raconté une anecdote marrante. Un clown est soldat et l'officier de cavalerie veut lui apprendre à monter à cheval, le clown fait un numéro digne de la voltige équestre et l'officier le nomme moniteur équestre.

Libéré, mon père écoute la déclaration de guerre 1939-1945 au poste de radio. Le Queyras, comme toute la France, est occupé, mais dans les Hautes Alpes, il n'y a pas eu l'exode comme dans la France occupée. Néanmoins, la Kommandantur s'installe à Guillestre. Mon père va se ravitailler en Italie et passe par le mont Viso. Mon oncle Louis me dit que mon père marche avec une endurance remarquable.

En 1944, les Goumiers du général Guillaume libèrent les forts de Mont-Dauphin et le fort des Têtes.

À Abriès, un goumier transporte sur son dos un officier blessé pour Aiguilles. Quel acte de bravoure de la part de ce musulman d'Afrique du Nord !

La guerre achevée, mon père est séduit par Augustine qui habite Gratteloup. Un jour, prenant son courage à deux mains, il enfourche sa bicyclette et part d'Aiguilles, et je ne sais pas si c'est le désir de voir sa promise qui le pousse à aller vite mais les villages sont parcourus : château Queyras, Ville vieille, Mongauvie, La maison du Roy. Là, mon père dépose sa bicyclette et à grande vitesse arrive par le sentier jusqu'à la demeure de sa promise. Soudain, il est tout rouge et n'ose plus demander la main d'Augustine. Il le fera seulement trois jours après.

Antoine le cantonnier du Queyras lui propose un verre de vin de pays. Pas de quoi s'enivrer, il fait à peine 6 degrés. Peu de temps après, le mariage est prononcé et, en 1946, mon frère est né à Embrun dans les Hautes-Alpes.

Ma mère Augustine est l'aînée d'une famille de six enfants.

Mon grand-père est cantonnier isolé mais à l'époque on disait agent voyer. Il entretenait la route du Queyras de la maison du Roy à Mongauvie.

Ma mère ainsi que ses frères et sœurs vont à pied à l'école et au catéchisme à Guillestre, chef-lieu de canton situé à six kilomètres. L'hiver, il fallait gaffer la neige. Adolescente, elle est placée comme bonne chez un colonel très sévère ; il fallait dire vous et monsieur au fils du colonel âgé de six ans… Une fois mariée, elle s'installe à Embrun où elle travaille à l'hôpital. Mon père refuse la place de jardinier qui lui était offerte à cause de ses idées communistes car les religieuses occupaient des postes de commandement.

Chapitre 1
Naissance et enfance

Je suis né le huit février 1948 à Aix-en-Provence. Peu de temps après, mes parents ont quitté Aix-en-Provence pour s'installer en Algérie, à Constantine. Mon père est contremaître dans une très grande ferme produisant du lait de vache en grande quantité. Dans les années 1953, mon père a pressenti les évènements qui allaient se dérouler en Algérie et a décidé de rapatrier son épouse, mon frère et moi-même de Constantine à Lettret.

Mes souvenirs d'enfance commencent à cette date. Mon père travaille comme ouvrier agricole dans une exploitation arboricole avant de travailler à son propre compte comme maraîcher, et de proposer à la vente ses fruits et légumes le mercredi et le samedi au marché de Gap.

J'ai assisté à une des dernières transhumances.

La transhumance part de La Crau dans les Bouches-du-Rhône et passe par Aix-en-Provence, le pont Mirabeau, Manosque, Volx Peyruis, Château Arnoux, Sisteron, Le Poët, Rourebeau, Valenty, la Saulce, Tallard, Lettret, Remollon, Espinasses, La Bréole, Le Lauzet,

Barcelonnette et les Alpages de Haute montagne. À Lettret, j'ai assisté à son passage sur la route départementale. C'est un immense troupeau, des ânes chargés du ravitaillement ouvrent la marche, suivis par les brebis, béliers, agneaux, chèvres et boucs surveillés par les bergers et leurs chiens. Dans les villages aux rues étroites, les habitants profitaient du passage du troupeau pour faire rentrer quelques agneaux dans leurs caves. C'est pour cette raison que des bergers supplémentaires ont surveillé le troupeau. La nuit, le troupeau avançait à la lumière des lanternes et le repos était prévu pour le bétail et les bergers dans des parcs à bestiaux.

Le métier de berger est un métier noble, car les bergers sont pour moi les mieux placés pour respecter la nature et ils connaissent mieux que quiconque la faune et la flore alpestre. Ils connaissent sans nul doute beaucoup de choses concernant les étoiles, et ils savent s'orienter. Ils mènent une vie paisible et calme. Quelques années plus tard, des camions ont transporté le bétail.

Un autre fait divers est la crue de la Durance ainsi que celle du Guil dans le Queyras. À Lettret, 70 cm d'eau dans le village, sur la route départementale. La Durance charrie des arbres entiers, et pour nous pas d'école. Les jardins sont tous inondés. À la décrue, on trouve un noyé sur un îlot au milieu de la rivière et une barque est dépêchée pour récupérer le corps. Il n'était pas rare à l'époque que la Durance remonte le torrent jusqu'à la cascade et les poissons blancs sont nombreux.

Dans le Queyras, la crue du Guil a causé beaucoup de dégâts, avant la construction du barrage de Serre Ponçon.

La Durance était une rivière majestueuse. En hiver, elle charriait des glaçons, et au printemps les pêcheurs de l'époque remplissaient leurs paniers de truites. Quelquefois, ils attrapaient des anguilles qui remontaient la rivière. J.A. de Lettret en prenait beaucoup. Une fois, il a glissé dans la rivière et il a réussi à se débarrasser de ses cuissardes. Excellent nageur qu'il est, il a regagné la rive. Ses papiers d'identité ont été retrouvés aux Vannes de l'usine EDF de la Saulce.

La Durance actuelle est très paisible, moins poissonneuse, il faut se rendre en dessus d'Embrun pour retrouver la Durance majestueuse et poissonneuse et là, de beaux parcours de pêche jusqu'à Briançon.

À Lettret en 1955 rares sont ceux qui possèdent la télévision. Mon frère et moi sommes invités à la regarder chez un voisin, nous avons le droit de regarder la vie des animaux et la piste aux étoiles. À la maison, on écoute les informations à la radio, les anciens postes sont très volumineux, rien à voir avec le poste d'aujourd'hui. Les principaux sujets d'informations sont l'affaire Dominici et les émeutes en Algérie. À 6 ans, j'ai la conviction que Gaston Dominici est innocent, Yvette et Gustave le cheminot sont les personnages de l'affaire.

Le dimanche après avoir écouté au poste le pronostic pour le tiercé, les turfistes de Lettret comme ceux de Tallard se rendent à Tallard au bar du boulodrome, un préposé enregistre les paris et poinçonne les tickets et il perçoit une petite commission sur les paris. À 11 h du matin, c'est la clôture des paris, ces derniers seront acheminés à Gap au bar le Méridional. Une fois, à Tallard, un parieur a trouvé le rapport ordre du Grand Prix d'Amérique et a offert le champagne, mais trois favoris constituent l'arrivée côte PMU, 2 contre 1 égalité 2 contre 1, soit un tiercé que toute la France a touché, et un très faible rapport. Les chevaux sont Ozo, Oscar RL et Hélène Rodney. Mon père l'a eu dans le désordre et a pu se payer un paquet de tabac pour sa pipe. Peu de temps après, il a acheté notre première télévision, elle est en noir et blanc.

L'hiver, dans les fermes, il est de tradition de tuer le cochon. Nous avons été invités aux Perriers chez G. P. à venir manger « les jailles », mais arrivés en avance, nous avons assisté au cérémonial de la mise à mort du cochon qui grogne et ses grognements vous prennent aux tripes. Une fois mis sur des tréteaux, le seigneur demande aux assistants de bien le tenir car malgré qu'il soit attaché il bouge. Le seigneur, tel un matador taurin, plonge le couteau et le sang coule. Ce dernier est recueilli dans un seau et servira à la fabrication du boudin. Une fois mort, il est ébouillanté, en patois on dit « ruscié », puis il est vidé de ses entrailles. Les boyaux, le foie et tout ce qui peut être récupéré sont récupérés. Les boyaux sont lavés et serviront pour les saucisses, saucissons et boudins. Un poussoir sert à endosser les saucisses ; les saucissons prennent forme. Les morceaux de viande sont pris par le paysan et ses aides. Pour le reste, tout est découpé presque aussi bien que maintenant par les bouchers professionnels. Les jambons seront mis au sel et puis mis à sécher pour être dégustés quelques mois plus tard.

À midi, un copieux repas nous est servi, une entrée composée de salade verte, jambon cru, saucisson de la ferme, pâté de campagne fabrication maison. Le plat principal est constitué par « les jailles » et leurs assortiments de pommes de terre de la ferme et autour du vin rouge de pays. C'est une ambiance amicale, chaleureuse. Le dessert est une tarte aux pommes et un verre d'eau-de-vie pour les adultes ; pour nous, c'est du sirop.

Malheureusement, la vie moderne a fait cesser ces coutumes. En période hivernale, nous veillons chez les habitants du village des moments de convivialité autour du vin chaud et de la tarte aux pommes. Les adultes jouaient à la belote et à l'âge de huit ans j'ai aussi appris à jouer à la belote.

Au mois de janvier et jusqu'à la fin février, on partageait la galette des Rois ; il était de tradition que celui qui a eu la fève paie la galette des Rois le coup d'après. Il nous arrivait aussi d'aller veiller dans le département voisin situé à l'époque dans les Basses Alpes et maintenant dans les Alpes-de-Haute-Provence, ce hameau est situé à six kilomètres environ de Lettret, je ne retiens que le froid glacial. Mais nous avions des vêtements chauds et nous avions pu éviter les rhumes et grippes car à l'époque le vaccin antigrippe n'existait pas.

Pour la période du carnaval à Lettret, le Mardi gras, tous les enfants du village se déguisent et vont chez les habitants du village qui leur donnent des œufs et autres victuailles et à quatre heures on fait un copieux goûter.

À six ans, commence pour moi l'école communale de Tallard. Le jeudi, nous nous rendons dans les jardins avec nos parents, et le samedi, au marché de Gap situé place

Jean Marcellin. J'adore aller à l'école et au catéchisme sous la houlette du père Richard Duchamblo qui va devenir mon confident et faire naître en moi la foi qui a grandi au fil des années.

À Lettret, comme dans toute la France, la mode est aux lance-pierres. Si certains ont des lance-pierres achetés, nous les fabriquons nous-mêmes. Nous coupons les fourches dans les noisetiers, les élastiques sont pris dans les chambres à air que l'on récupère chez le garagiste de Tallard. Du cuir constitue la rampe de lancement que l'on perce, on attache ensuite les élastiques à la fourche et le tour est joué. Mon frère est très adroit au largue, surnom donné aux lance-pierres, et avec les autres enfants du village, ils pourchassent les moineaux et les merles. Quant à moi, ce sont plutôt les livres que j'emprunte à la bibliothèque de l'école.

Pour les grandes vacances, quand nous restons à Lettret, nous jouons avec les enfants du village à « Pan Pan », « il ou elle », jeux subtils, où il faut poser des questions pour deviner le nom d'un personnage du village. À la période du Tour de France, je prends une feuille jaune dans les arbres acacia et une grosse poignée de feuilles vertes, la feuille jaune pour le maillot jaune, et les vertes pour le peloton, je jette le tout dans le canal du haut d'un petit pont qui permet d'accéder au petit jardin. Je me rends ensuite à un autre petit pont qui accède aux toilettes et là j'attends l'arrivée du maillot jaune et du peloton. Souvent, je suis déçu car une branche ou des herbes retiennent prisonnières les feuilles ; mais quelques fois le peloton et le maillot jaune passe.

Nous nous rendons aussi en Provence, chez mon oncle Gilbert et son épouse Jeannette. Mon oncle est ouvrier agricole dans une grande ferme, c'est un homme jovial toujours prêt à faire des farces ; quand nous l'accompagnons aux champs, je découvre d'immenses plantations de tomates, pommes de terre et melons. Nous nous baignons, mon frère et moi, dans un petit canal d'arrosage d'une profondeur de 70 cm environ. Quelquefois, nos grands cousins de Charleval viennent nous rendre visite avec leur sœur Michèle hélas partie trop tôt. Un cancer foudroyant emporte mon oncle Gilbert et nous prive d'autres vacances.

En 1956, un dramatique accident de la circulation cause la perte d'une partie de la jambe de mon frère, par chance au-dessous du genou : en effet, mon père nous mène en voiture à Tallard mais comme c'est une C4 et à l'arrière il y a un caisson, nous avons l'habitude de nous mettre là et lorsque mon père nous dépose devant l'école, nous traversons la route sans regarder. Si par miracle j'ai pu échapper à l'accident, mon frère n'a pas eu cette chance. Ayant assisté à la tragédie, j'ai vu un camion écraser la jambe de mon frère, blanc comme un linge, ne pouvant parler. Le docteur Elbet s'est rendu immédiatement sur les lieux et il a été conduit à l'hôpital de Gap. Le docteur Bruyère l'a pris en charge et les religieuses infirmières ont prié avec ma mère car mon frère avait perdu beaucoup de sang. Une collecte a été organisée par le maître d'école de mon frère, un riche arboriculteur a refusé d'y participer en disant qu'il ne donnait rien aux Italiens. À l'âge de douze ans environ, sa fille unique est morte tragiquement écrasée par la remorque du tracteur de son père.

Une fois sorti de l'hôpital, mon frère marche avec des béquilles. Plus tard, il sera appareillé.

Noël de l'année 1956 est pour moi le plus beau des Noëls. Une semaine avant Noël mon père nous dit : « J'ai donné beaucoup d'argent à maître Merle, cette année, il n'y aura pas de jouets pour Noël. »

Le matin de Noël, mon frère est triste, car il est de coutume que tous les enfants du village et ceux des alentours se retrouvent sur la place du village pour faire voir leurs jouets. À ce moment-là, je me casse les méninges et je dis : « On a un jouet » et joignant l'acte à la parole, je me rends vers la boîte des pions qui nous sert à marquer les points à la belote, je prends un pion long et un pion rond et, en appuyant avec le pion long sur le pion rond, je fais faire un saut de vingt centimètres environ au pion rond. Je dis : « On va appeler ce jeu le jeu du saut de la puce. » À ce moment-là, ma mère me dit : « Il suffit de prendre quatre pions longs et quatre pions ronds de couleurs différentes et de tracer à la craie sur la terrasse de la maison inoccupée quatre parcours identiques et de récompenser les deux premiers par des papillotes et vous verrez que les garçons voudront y jouer. » Mon frère est sceptique mais moi je suis confiant.

Arrivés sur la place du village, nous avons tracé à la craie les quatre parcours et quand les enfants des alentours sont arrivés et nous ont demandé ce que nous avons eu pour Noël, j'ai répondu : « On a eu le jeu du saut de la puce et des papillotes récompensent les deux premiers. » Les enfants des alentours nous dirent :

« Nous commencerons dès que l'on sera revenu car nous allons chercher des friandises à notre maison. » Un quart d'heure après que les enfants des alentours sont arrivés avec des friandises en grande quantité, le jeu commença et réunit quatre participants. Ce jour-là, mon frère termine premier ex æquo avec Elios, un enfant surdoué du village. Les enfants des alentours partent et nous laissent leurs friandises, nous les partageons et nous rentrons chez nous. Jean Louis, un enfant des alentours qui a participé au jeu se rend chez J-P. Il est en vacances chez son grand-père et sa mère est la fille de M. A.C., architecte à la retraite. Jean Louis parle à J.P du jeu du saut de la puce et J.P est intéressé.

Vers 14 heures, on sonne à notre porte. C'est M. A.C. qui dit à mes parents : « Mon petit-fils serait intéressé pour jouer au jeu de la puce avec vos enfants. » Mon frère et moi, nous nous rendons chez M. A.C. pour jouer au jeu de la puce. Arrivés chez eux, M. A.C. me prend à part et me dit : « J'ai téléphoné à mon ami marchand de jouets à Marseille, et celui-ci m'a dit que ce jeu n'existait pas. » Me sentant démasqué, j'ai avoué à M. A.C. que mes parents n'avaient pas pu nous offrir des jouets pour Noël et que j'avais inventé ce jeu. M. A.C. me questionne sur ce jeu et me dit qu'on peut jouer au jeu du saut de la puce et que j'en fabriquerais un. Mais pour l'instant, ce n'est pas cela qui le préoccupe.

Il appelle sa fille et son gendre. Au récit de M. A.C., ils sont tous émus et me disent : « Qu'avait commandé ton frère et toi ? Qu'avais-tu commandé ? »

Je réponds : « Mon frère a commandé la carabine super diane et moi rien. »

M. A.C. me dit : « Ce n'est pas vrai, surtout ne te gêne pas, nous avons une bibliothèque et de nombreux livres pour enfants. Quant à ton frère, on va lui faire cadeau de la carabine super Diane. »

Je réponds : « Mon frère est fier, il n'acceptera pas le cadeau mais il peut échanger son lance-pierre contre la carabine. »

Le père de Jean Pierre nous répond : « Jean Pierre a un lance-pierre acheté et en ce moment il essaye de dégommer un moineau. » Mon frère me dit : « Jeannot, va chercher mon lance-pierre et les plombs. » Cinq minutes après, j'arrive avec le lance-pierre et les plombs. Mon frère apprend à Jean Pierre à se servir du lance-pierre et Jean Pierre réussit à tuer un moineau, ce qui le rend fou de joie, et le titi parisien va faire fureur au jardin des Tuileries. Mon frère a sa carabine et il est tout joyeux. À ce moment-là, il dit au père de Jean Pierre :

« Peut-être vers quatre heures, il y aura un passage de grives, et avec ma carabine, je vais essayer d'en tuer une. » Sans le savoir, mon frère avait touché le jackpot car le père de Jean Pierre a la passion des armes et il dit à mon frère : « Je vais te donner la six millimètres et moi je prendrai la neuf millimètres. »

Vers 16 h 30, le père de Jean Pierre et mon frère se mettent en position de tir au pied de la haie à l'intérieur de la propriété. Une fois installés, ils me disent d'aller dans le torrent, de surveiller les grives qui tomberont des arbres de la haie, et ensuite au coup de sifflet final de commencer à les ramasser jusqu'à ce que mon frère vienne m'aider à ramasser le reste des grives.

Dix minutes après, je suis en position, camouflé dans le torrent. Un quart d'heure après qu'une vingtaine de grives s'était posée sur les arbres, quatre détonations et trois grives sont mortes, je mémorise où elles sont tombées. Peu de temps après, un autre vol et quatre détonations, ainsi de suite jusqu'au coup de sifflet final.

Je commence à ramasser les grives, mon frère me rejoint et ensemble nous ramassons une quinzaine de grives et quatre merles. Arrivés dans le parc, mon frère veut donner ses grives et merles, mais le père de Jean Pierre ne veut manger que quatre grives. Mon frère lui dit : « Mon père va vous les préparer sur quatre tranches de pain, on mettra du genièvre et on les fera mijoter. Ensuite, mon frère vous les apporte et vous n'aurez plus qu'à les faire réchauffer. » Un quart d'heure après, mon père plume les grives, les bourres de genièvre, les mets sur quatre tranches de pain et après avoir surveillé la cuisson, il les enlève du four les mets dans un plat protégé par du papier alu et je les mène vers 18 h au domicile de M. A.C. Celui-ci me remet une enveloppe que je dois remettre à mon père.

Arrivé à la maison je donne l'enveloppe à mon père. « Joyeux Noël, M. Cogno, vos enfants sont adorables et 100 Francs récompensent votre travail. » Mon père est ému aux larmes et me dit : « Jeannot va dire à Louis que ce soir il fera le repas de Noël avec nous et moi je vais à Tallard chercher la bûche de Noël. »

Je vais donc chez Louis qui habite un taudis, Louis est un pauvre bougre, mais très poli, les enfants le surnomment Larchon et se moquent de lui. Ce repas de Noël est le plus succulent de tous les repas de Noël de mon existence. Menu : Pâté de campagne et jambon cru en entrée ; plat principal, deux grives sur tranches de pain avec un assortiment de salade verte ; dessert, bûche de Noël ; boisson, vin blanc doux de pays. M. Louis en partant nous dit : « Ce que vous avez fait pour moi aujourd'hui, le Bon Dieu vous le rendra. »

Il ne croyait pas si bien dire, car le lendemain il neige et M. A.C. embauche mon père pour déblayer la neige et un autre billet de cent francs le récompense pour son travail. Ma mère, un peu plus tard, a fait le ménage chez eux. Ce Noël 1956 restera à jamais gravé dans ma mémoire. Car ce qui compte ce n'est pas la profusion de jouets que les enfants ont aujourd'hui, mais l'amour que l'on éprouve à se retrouver en famille.

Tous les étés, Jean Pierre vient avec ses parents passer les vacances chez son grand-père et nous jouons avec lui dans le parc. À quatre heures, le goûter nous est servi dans la cuisine, et là je vois quelque chose de très rare car au lieu d'avoir de la peinture ou de la tapisserie, il y a, peint à la gouache, la Côte d'Azur et ses villes de Marseille à Vintimille et sur un autre mur la côte vermeille de Marseille à Barcelone.

Chaque année, au mois de juin et jusqu'au mois de septembre, un couple d'instituteurs pieds-noirs vient passer les vacances à Lettret, la sœur de M. M.J. les accompagne. Yvonne est vieille fille, elle est très érudite pour ne pas dire un puits de science. Elle a la passion des études et à sa retraite d'enseignante. Elle passe une licence d'arabe littéraire, une maîtrise de chinois, une licence de russe et elle sera secrétaire d'ambassade à Moscou. Les professeurs de la faculté n'osent pas trop la reprendre ou la sermonner. Quand elle vient en vacances à Lettret, j'adore bavarder avec elle et elle me dit que malgré mon jeune âge, je suis curieux et de bonne conversation. Son frère Marcel nous invite à jouer au Ping-pong et comme il adore aussi jouer à la pétanque, le soir au petit jardin ce sont des parties acharnées. La rafle de Marcel contre les carreaux de Robert fait pencher la balance tantôt d'un côté, tantôt de l'autre. Perdant et gagnants ont rendez-vous tantôt chez Robert, tantôt chez Marcel, pour boire l'apéro. Mon frère et moi avons droit au sirop. Hélas ! un zona foudroyant emporte Marcel, et son épouse ne vient plus à Lettret. Un grand vide dans tout le village, car quand une figure disparaît, dans un petit village on ne ressent pas la perte comme en grande ville.

Nous allons aussi aux Boulangeons où sont installés mon oncle Louis et ma grand-mère. Je me souviens des frères M.H. et J.L. Henry est capable de traverser la Durance à vélo du haut de la glissière de sécurité qui surplombe la Durance d'une hauteur de vingt mètres environ, et en son milieu, il y a un étroit passage et Henry est capable d'y traverser à vélo.

Je me souviens aussi des lessives de grand-mère au lavoir, à la manière des lavandières du Portugal, mais rassurez-vous le linge est propre.

Vers l'âge de dix ans commence mon premier travail dans une exploitation arboricole. Trop petit pour cueillir les fruits d'été, je suis chargé de mettre les fonds, les bandes et le frison dans les plateaux et de les donner aux emballeuses de pêches.

Au mois de septembre commence la cueillette des baies d'argousier que nous menons à la coopérative vinicole de Tallard une fois triées. Les quatre garçons du village dont je fais partie ramassent quatre caisses à fruits par jour. Pour essayer que notre cueillette pèse un peu plus, nous mouillions les caisses mais c'est peine perdue car cela ne pèse guère plus. Une caisse pleine pèse environ quinze kilogrammes. Le préposé à la réception des baies M. Doussoulin ne manque jamais de faire la preuve par 9 pour nous payer soixante kilogrammes à cinq francs le kilogramme, ce qui agace Elios qui a beau dire cela fait trois cents francs, monsieur, mais il n'est pas écouté, et il faut attendre le résultat de la preuve par 9 pour pouvoir toucher notre dû. Une partie de l'argent gagné est partagée, un petit reste pour acheter des friandises et pour les plus grands des paquets de P4 que l'on achète au bureau de tabac. Il me vient une réflexion : pourquoi faire partir en fumée une partie de l'argent gagné ?

Chapitre 2
Lycée et adolescence

En septembre 1960, me voilà au lycée Dominique Villars à Gap. Si mon ami Alain Prorel a retenu la banlieue de Tallard, moi j'ai plutôt retenu l'éclipse totale de Soleil, le pion la Daube et ses descentes, où il renversa les tables des élèves chahuteurs. Le pion la Daube est sourd et les internes de sixième le chahutent. Les bleusailles chahutent car ils sont eux-mêmes chahutés, mais quand la boule le surgé ou un autre pion viennent rétablir le calme, le pion est rouge de colère et la descente est proche et si un étourdi chahute encore malheur à lui car la daube tel une furie renverse son bureau et la bleusaille ne peut que constater les dégâts. Je me rappelle aussi d'avoir essayé de passer deux fois devant le préposé à la tartine de pain, mais je n'ai jamais réussi ni à avoir la deuxième tartine ni la deuxième barre de chocolat à croquer d'une couleur douteuse. Le soir à l'étude les élèves aux parents plus fortunés mangeaient des friandises et j'en avais envie.

Les jeux de ballon de foot occupent nos récrés et des footballeurs entraînés par Paul Givaudan sont devenus des joueurs de talent et François Jaussaud est devenu Pro,

Christian Pavone, Yves Jaussaud, Maurel de Laragne, etc., étaient très doués. Le handball est aussi pratiqué et les joueurs sont entraînés par M. Heill ; sont talentueux les deux frères Blando en particulier et d'autres dont je ne connais plus les noms.

Au printemps, les billes entrent en piste. « Quillou fastoch, pyrams » à 10 ou à 20 billes plus rarement à quarante car elle s'écroule souvent. La pyrams se tire à dix mètres et la rafle n'est pas autorisée. Cependant, quelques fois, c'est razzia fastoche et des bagarres. Jean-Jacques Bruyant et Christian Seard sont des tireurs redoutables et Jean Jacques Bruyant a eu une pyrams à 40. Exploit unique d'un joueur de Lyonnaise plus tard.

Le vendredi soir, c'est la délivrance car on a tout le week-end à passer en famille. Un vendredi soir, je décide d'attraper des truites et d'en garder une pour la faire cuire à la poêle, je prends donc mon lancer et je commence à pêcher. Par chance, cela mord et j'en attrape quatre de taille réglementaire et même plus, mais au lieu de continuer à pêcher, je décide de rentrer à la maison. Je vide la truite que je veux manger et aussi les autres que je mets au frigidaire. Je sors la poêle à frire, je mets de l'huile de friture et je prends de la poudre à récurer Nab pour de la farine car elle se trouve dans un sachet identique à celui de la farine. Je roule donc la truite et la verse dans la poêle, je ne vous dis pas combien cela mousse, mais dépité je nettoie un peu la truite sous l'eau et je la mange quand même.

Je suis resté interne au Lycée Dominique Villars trois ans et j'ai fait ma 4e au collège de Verdun, une ambiance différente et de superbes jeunes filles, Jacqueline Allamano, Michelle Galland, entre autres.

À midi, le repas nous est servi au réfectoire du bahut et je suis à la table de Tonton Galliano et de Coco Magallon, la table est différente des autres tables, les quatre ou cinq premiers quand les plats ne sont pas trop appréciés se servent copieusement et les autres tringlent, mais comme on tourne ceux qui tringlent mangeront copieusement dans quelques jours.

À 14 h, les cours reprennent, nous avons hâte de revoir les collégiennes que nous surnommons les « hautes lapines ».

Le soir, le car de Boisserenq nous ramène à Tallard et le lendemain nous usons nos fonds de culotte sur les bancs du collège.

L'été en grandes vacances nous nous rendons à Tallard après souper, nous faisons des ventrées de cerises et de pêches, il nous arrive aussi de creuser des citrouilles et de mettre à l'intérieur des bougies allumées et nous les disposons au milieu de la route départementale. Une fois, les gendarmes nous ont passé une bonne sermonnée mais sans amende à la clef. Les soirs d'orage, les rochers tombent des falaises et quand nous rejoignons Lettret, nous courons quand on entend les rochers tomber. Pour la baignade, nous nous rendons au temple et une fois les gendarmes de Turriers nous verbalisent pour défaut de plaque sur nos bicyclettes. « Pas cool les pandores ». Nous allons aussi chez les bonnes sœurs de la Providence qui sont installées dans le coteau. Après avoir déjeuné je feins d'être malade, mais Sœur Gervais me fait réciter un je confesse à dieu pour mon mensonge, je passe l'après-midi à faire de menus travaux. À quatre heures, après s'être lavé les mains et récité la prière, le goûter nous est servi, au menu bol de café au lait de chèvre, barre de chocolat meunier et nous partons en disant au revoir ma sœur, merci ma sœur.

En 1963, mon oncle Louis et ma grand-mère quittent les Boulangeons pour venir s'installer à Lettret dans la maison fermière de M. A.C. Il doit s'occuper de la vigne et là je découvre de nombreuses vignes en coteaux à Lettret et nous faisons des ventrées de grappes de raisin Cinsault, Pousse de chèvre, Muscat blanc et noir. Il nous arrive aussi d'aller vendanger la vigne de notre oncle Louis en compagnie de mon oncle Jeanot surnommé Pinec et de notre tante Irène. Les cure biaous viennent de temps en temps Sisson, Baille, Bague, etc.

À midi, un copieux repas nous est servi préparé par ma grand-mère. Quelquefois, l'après-midi est dur à passer car les adultes ont trop abusé sur le Pernod et le pastis 51. À l'époque, adolescent, je pensais qu'il faisait 51°, mais non seulement 45°, ce qui n'est déjà pas si mal.

Le soir, le tracteur et la remorque pleine partent pour la coopérative de Tallard, souvent le degré oscille entre 9° et 10,5°. M. Jaume, employé à la coopérative, recule les tracteurs et les remorques des paysans qui ne savent pas le faire. Petit à petit, le vignoble a disparu à Lettret, mais pas que là et presque toutes les coopératives ont fermé.

Actuellement, Olivier Ricard produit d'excellents cépages à Tresbaudon, des vins rouges et rosés appréciés et à Theus, la famille Allemand produit des vins blancs de qualité, « le bourru » et le vin blanc doux sont un régal avec le gâteau. À Valserres, l'une des rares coopératives restantes, la vendange est apportée et le vin n'est pas mauvais.

Au mois de septembre, c'est la fête du village de Tallard. Pour pouvoir me payer les auto-tamponneuses, je troque des escargots contre des jetons. Le samedi, concours de boules doublettes. Le samedi soir, sur la place du village, la bande à Saint-Roch avec Albert Alléra provoque une bagarre générale. À 13 ans, je ne veux et ne sais me battre et pendant cinq minutes les coups pleuvent, le vin blanc de Jouvent y est pour quelque chose. À sang-froid, Albert est très gentil, il joue très bien à la pétanque et une fois associé à mon frère et Yves Vincent, ils ont partagé en finale d'un concours de pétanque.

Bébert a demandé une fois une augmentation à son patron. Ce dernier l'ayant refusé, il a laissé sa semi-remorque à Paris, a pris le train et a rendu les clefs du bahut à son patron.

Le lundi, concours de pétanque triplettes j'ai été impressionné par l'adresse des finalistes. D'un côté la triplette Brun Gustave, Masse Roger, Joseph Combal et de l'autre Mainiéro Otto, retenez bien ce nom car il tiendra le haut du pavé à Albaracine Fernand, et Émile Gantard. Deux phénomènes au tir, Brun et Mainiéro mais comme Fernand est plus chanceux que Roger Masse, Otto Mainiéro rafle la mise sur le score de 13 à 7. Otto s'est retrouvé souvent en finale à Tallard et lors de ses empoignades avec le Guste Chastillon associé à Alain Pelloux et Imbert le pauvre Guste s'en faisait dire quatre par Pelloux. À Tallard, les joueurs les plus talentueux ont été Hyppolite Borel, Gaston Michel, Zecchinon Jeannot Ceas.

Plus tard, Émile Rinaudo, surnommé le Cicou, Sabin Franza, Émile Féraud, Émilien Favier, et les jeunes Momo Gueydan, Guy, Georges Cogno, Bruno Galeazzi et d'autres joueurs talentueux qui se retrouvent place de la mairie pour des parties de pétanque acharnées.

À l'automne de mes treize ans, nous commençons à ramasser du bois car mon père se chauffe au bois. Nous allons au bord de la Durance, mais comme nous n'avons pas de moyens de locomotion pour le transporter, nous essayons la technique canadienne dite du flottage. Mon frère reste à Lettret au bord de la Durance et muni d'une corde et d'un crochet à son bout essaye de harponner les troncs et branches que je jette en amont dans la rivière. Notre corde est malheureusement trop courte et la moitié du bois passe au milieu de la rivière et nous échappe. Nous décidons de stocker le bois dans un endroit où un tracteur et sa remorque pourront le récupérer. Un paysan accepte de nous le transporter moyennant une journée de travail gratuite dans son exploitation. Le bois est alors coupé en morceaux à la longueur du poêle à bois.

Il m'arrive aussi de travailler dans les fermes et de gagner la dinde ou l'oie de Noël. Noël, fête familiale, ma mère confectionne avec du papier marron, la montagne et la grotte, nous allons dans la forêt couper le sapin de Noël et ramasser la mousse, le papier chocolat argenté servira pour les ruisseaux. Les santons sont mis en place, le sapin est décoré de guirlandes et boules multicolores. La première année des bougies mais comme elles avaient provoqué un début d'incendie elles ont été remplacées par des guirlandes électriques.

Pour le jour de l'an, vers l'âge de treize ans nous avons le droit de boire un verre de liqueur chez les habitants du village mais après la troisième maison nous buvons du sirop.

Vers l'âge de seize ans, mon frère travaille avec moi dans une exploitation arboricole pour pouvoir se payer son premier fusil à l'armurerie Guillaume à Gap. L'armurier lui dit : « Mon gros avec ce fusil tu n'as qu'à mettre droit et tout tombe. » Mon frère fait sa première ouverture avec mon oncle Louis et mon père. Il n'est plus rare que trois lapins de garenne soient tués dans la matinée. Mais c'est surtout aux Boulangeons que la chasse aux lièvres se déroule et le moustachu, vieux lièvre malin, leur rend la vie dure et à la maison ce sont des discussions interminables sur leurs parties de chasse, finalement le moustachu est tué par mon oncle Louis.

Mon oncle et mon frère chassent aussi le chamois dans le Queyras. Ils partent de Gratteloup, maison où habitaient ma grand-mère, son mari et ses six enfants. Cette maison en ruines est située à une demi-heure de marche de la maison du Roy, lieu qui sert de garage à la voiture. Une demi-heure de marche est nécessaire pour atteindre Gratteloup. Vers trois heures du matin, mon oncle et mon frère partent avec des torches rejoindre le pic d'ASSAN où se trouvent les chamois. Souvent, ils rentrent bredouilles mais une fois deux chamois sont tués. La chasse aux sangliers remplace la chasse aux lièvres et mon oncle et mon frère en tuent beaucoup. Le chasseur de sangliers de l'époque le plus connu est Auguste Estornel, il est de Curbans dans les Alpes-de-Haute-Provence.

À Lettret, ce sont aussi les grives que mon oncle et mon frère attrapent à la lèque ou au piège en plus de celles qu'ils tuent au fusil de chasse. Une grive sur une tranche de pain constitue un mets délicieux.

Adolescent, les cours d'histoire ont commencé à faire vaciller ma foi car je ne comprenais pas pourquoi le clergé et la noblesse se comportent de telle façon avec le tiers état sous l'ancien régime : l'abbé Richard Duchamblo avait beau me dire le clergé ce n'est pas dieu, cependant je fréquentais moins l'église, j'étais devenu en quelque sorte un croyant non pratiquant.

Après avoir obtenu le BEPC, je travaille chez mon oncle Louis en qualité de manœuvre maçon, mais je sens que je n'ai pas l'adresse manuelle pour devenir maçon plus tard, je me contente d'être un bon manœuvre. En période de chasse, il n'est pas rare que Louis abandonne le chantier si son chien Black mène le lièvre, à ce moment-là, il me dit : « Couvre le mortier, je reviens dans un moment », moment qui dure quelquefois des heures. Alors je couvre le mortier et je range les outils. Ah ! Cette passion de la chasse est plus forte que l'amour du travail, et le client me demande où est Louis, je réponds peut-être à un poste, si on entend tirer il est vite là, sinon cet après-midi le chantier reprendra quelquefois il arrive avec le lièvre et le chantier reprend. Il nous arrive aussi de prendre le repas de midi chez le client. Une fois le repas terminé nous faisons la sieste avant de reprendre le travail. Mon oncle louis est un excellent maçon dans le vieux mais il l'a réalisé pour le compte de M. A.C. une rigole en béton armé avec une chape en mortier qui est un modèle du genre. La dame de compagnie de M. A.C. veut à tout prix le faire marier avec Nouchette, ravissante blonde qui est la gouvernante de Jean Pierre, mais Louis est timide et se cache pour ne pas être présenté à Nouchette.

Louis joue aux billes avec nous, plaisante toujours et est apprécié de tous. Ma grand-mère déforme les mots, un jour elle nous dit : « Tatie Marie de gap à une belle mouquère. » Mon frère et moi nous nous regardons. Peu de temps après, nous nous rendons chez notre tante Marie après lui avoir fait la bise, nous lui avons demandé si elle avait une femme de ménage. Elle nous répond : « Je fais mon ménage moi-même et je n'ai besoin de personne. » Ah ! j'ai compris, tante Marie a une moquette neuve et grand-mère avait dit « mouquère » au lieu de « moquette ».

À 16 ans, nous commençons à danser avec les adolescentes de Tallard dans une salle appartenant à mon oncle Edgar et mon cousin est le DJ.

Pour le réveillon du jour de l'an, nous le faisons dans la salle de l'ancienne mairie, le cinéma est aussi situé dans la salle de l'ancienne mairie. Nous admirons le talent de Raimu dans les films de Pagnol et de Fernandel dans « Don Camillo ». Le dimanche, mon oncle Charles et ma tante Marie prennent le car et viennent jouer aux cartes à Lettret, d'autre fois nous allons manger sur l'herbe et à l'automne en période de non-chasse c'est la cueillette des champignons.

Chapitre 3
L'armée

À 19 ans, le 2 novembre 1967, me voilà jeune recrue dans les chasseurs Alpins au 22e GCA à Nice et affecté au fort de la Drette qui se situe au col d'Eze sur la route de Menton et de l'Italie. De mes seize mois passés à l'armée, je garde le souvenir de ma première permission en décembre 1967. Un vendredi soir, en perm jusqu'au lundi matin, je décide de faire du stop du fort de la Drette à Lettret. Une première voiture me mène du col d'Eze au carrefour de la route de Digne. Une deuxième voiture me mène jusqu'à Puget-Théniers, une troisième me mène à Entrevaux et là, plus aucun véhicule ne passe. La neige se met à tomber en abondance et pour couronner le tout un blizzard, une visibilité quasi nulle. Je n'ose plus marcher pour me réchauffer, me sentant mal en point, j'adresse une prière à Jésus. Peut-être un quart d'heure après qu'un automobiliste s'arrête et me prend en stop, Le chauffeur me dit : « Jeune homme, il ne faut pas faire du stop sur cette route pour vous rendre chez vous, il vaut mieux passer par Aix-en-Provence. » L'automobiliste s'arrête quarante kilomètres plus loin dans une bourgade et il m'offre le repas du soir, la nuit à l'hôtel et le billet de train pour le lendemain matin : coïncidence ou intervention divine ? Très touché par ce geste je me suis promis de faire de même. L'occasion m'en a été donnée en 1979 lorsque je rentrais d'une journée ski aux deux Alpes. Un automobiliste était en panne d'essence sur la route nationale 85 vers Corps dans l'Isère. Je me suis proposé de les emmener à Gap où il y a une station essence ouverte la nuit pour qu'ils puissent remplir trois bidons de cinq litres de carburant et de les ramener à leur véhicule. Ces personnes ont voulu me dédommager mais j'ai refusé.

Pour le jour de Noël et le jour de l'an, ma deuxième permission, je fais du stop et je passe par Aix-en-Provence. Le premier véhicule me mène de la promenade des Anglais à Aix-en-Provence, un second me mène d'Aix-en-Provence à Tallard. Pour les huit cents derniers mètres qui séparent Tallard de Lettret. Je ne fais pas du stop et j'arrive chez moi vers 22 h environ.

Pour le retour à la caserne je fais du stop en passant par Aix-en-Provence.

Le deuxième souvenir est celui de mes classes, comme il faut apprendre à marcher au pas et à présenter les armes, au début je participe à l'exercice, mais il faut toujours revenir pour le coup de bouc, je commence à être agacé et décide de ne plus faire cet exercice et je trouve une astuce. Je déboutonne le premier bouton de mon pantalon treillis afin qu'il ne tienne plus au moment d'envoyer les couleurs, l'officier dit présentez armes et comme prévu mon pantalon chute à terre et me voilà en slip. Tout le monde éclate de rire. Le colonel en est averti et décide de ne plus me faire faire cet exercice. Un ami jeune recrue comme moi écrit ces mots « Au présentez armes, son pantalon mal ceint aussitôt en alarme chute à terre tel un fruit vermeil. Mais mon ami Jeun Cogno, dit le gentil petit, s'en tire bien car il a le sens de l'humour. » Après, les classes, je passe le permis VL. L'apprentissage de la conduite se fait dans l'arrière-pays niçois et l'hébergement au fort de la Revère situé dans les collines. Là, l'encadrement est moins strict, si bien que le soir nous sortons à Nice en fausse. Une fois le permis VL passé, je conduis une Jeep, mais un jour étant chargé de transporter des armes de Fréjus à Nice nous avons pris en stop deux Américaines. Malheureusement, la patrouille militaire nous a arrêtés et le chef de bord et moi-même avons écopé de quinze jours de prison. Un officier m'a conseillé de devenir serveur au Mess pour éviter de faire du Rab.

Ancien, j'adore les marches en montagne. Beuil, Valberg, Peira Cava et la plus belle montagne qui porte bien son nom, la vallée des merveilles.

Au mess, le reste du temps je scie du bois au passe-partout, bois qui est destiné au feu de cheminée, je sers le repas de midi et du soir. Le vendredi, je fais cuire des œufs pour ceux qui ne veulent pas de poisson. Je confesse avoir bu des apéros gratuitement sur le compte des sous-officiers car j'ajoutais toujours un apéro sur leur compte et personne ne s'en est aperçu.

Le soir après avoir tout rangé, nous jouons au tarot et une jeune recrue Arago Charles m'apprend à y jouer. Je retiens cependant que deux jeunes recrues me refusent la corvée, car chaque matin deux jeunes recrues sont de corvée au Mess. Le premier qui me refuse la corvée est noble, il s'appelle P.D.C et me dit : « Je suis noble et je ne fais pas la corvée. » Je lui réponds : « Je m'appelle Jean Cogno de Lettret, je respecte la volonté de Sa Majesté que celle-ci daigne s'asseoir sur ce siège », et j'effectue la corvée avec son camarade à sa place. La corvée finie je propose un copieux casse-croûte à celui qui a travaillé, M. P.D.C. veut manger aussi mais je lui dis que seuls ceux qui travaillent mangent. Il s'en va tout penaud. Le soir, j'en informe le sous-officier de permanence et d'un commun accord nous lui réservons une belle surprise : au rapport, le sous-officier dit d'une voix haute « M. P.D.C., vous serez de corvée de chiot ».

La seconde jeune recrue qui me refuse la corvée est une armoire à glace qui me dit ta corvée mets-toi là où je me pense. Son compagnon le regarde, je réponds ce n'est pas grave, je vais faire la corvée à ta place avec ton compagnon. Une fois la corvée finie je propose à celui qui a travaillé un copieux casse-croûte, c'est alors que l'armoire à glace se dirige vers moi prêt à en découdre mais son compagnon qui est ceinture noire, deuxième dan de judo, l'immobilise à terre et lui dit : « Ce n'est pas bien ce que tu fais, le serveur est gentil, correct. Tu devrais t'excuser. » L'armoire à glace s'est excusée et est devenue mon amie. M. K.R. a compris que force et violence employées à mauvais escient ne valent rien. M. K.R. est venu tous les soirs jouer au tarot au Mess, invité par mes soins.

Le soir du réveillon de Noël, il fait le pari avec un sous-officier de boire un quart de Rhum cul sec, soit plus de vingt-cinq centilitres de Rhum. Si K.R ne bouge pas et l'alcool ne semble pas lui faire d'effets, il n'en est pas de même pour le sous-officier qui est ivre mort. Devant la gravité de la situation, j'en informe l'officier de permanence qui vient en compagnie d'un médecin. Le médecin lui fait un lavage d'estomac et le remet sur pied.

Au mois de mai 1969, me voilà dégagé des obligations militaires. Ma conviction est que l'armée est un endroit tout à fait indiqué et adapté pour soulager les prisons et sa surpopulation carcérale. Pour les petits délits, sanctionnés par des peines de prison de courte durée, l'apprentissage de la discipline, du respect du drapeau, des valeurs républicaines, d'une formation, seraient pour moi les meilleurs outils pour une réinsertion sociale. Hélas ! Les casernes fermées ne les accueillent pas, ce qui est dommage.

Je vais peut-être vous surprendre mais si je respecte l'hymne national, je lui préfère « Allobroges », chant moins connu, mais tout aussi patriotique et moins sanguinaire à mon goût. Néanmoins, je respecte l'hymne national quand il est joué ou chanté.

Chapitre 4
Vie professionnelle

En juillet 1969 commence le travail à Montbrun les Bains.

Le premier jour de travail, me voilà en compagnie de deux Nord-Africains un peu moqueurs, et avec un marteau piqueur bien plus lourd que moi. Par chance, deux chefs de chantier observent la scène et s'avancent vers moi, l'un des deux me dit « On admire ton courage et ta volonté, on te propose dès maintenant un travail moins pénible ».

Je quitte les deux Nord-Africains pour me rendre dans la galerie, car je suis chargé d'entretenir le canal d'évacuation des eaux qui part du début de la galerie jusqu'à l'avancement du tunnel. Je dois enlever les pierres afin que l'eau ne déborde pas, ce que je fais pendant six mois à la satisfaction générale.

Comme faits divers, j'en retiens deux : le premier se déroule à la cantine du chantier qui nous sert les repas de midi et du soir. Un mineur portugais et son fils maçon travaillent au sein de l'entreprise mais le père se prive et ne mange pas pour pouvoir payer la cantine à son fils. Quand son fils m'a appris les faits, j'en ai parlé au cuisinier et celui-ci a réservé chaque jour un menu au père tant qu'ils n'auraient pas touché leur première paie. En effet, dans une cantine, il y a des restes et plutôt qu'ils soient destinés aux porcs ou jetés à la poubelle, ils servent à nourrir ceux qui en ont besoin.

Le deuxième fait divers est celui de deux frères mineurs, l'un est célibataire et son frère est père de trois enfants. Le mineur célibataire prend un billet de loterie nationale et gagne le gros lot, il dit à son frère je te ferais un joli cadeau. Quand il perçoit son lot, il quitte le chantier et invite son frère à déjeuner, son frère se rend chez lui avec une bouteille de champagne. Comme cadeau du millionnaire, une boîte de chocolat et une bouteille de champagne. Son frère déçu a piétiné la boîte de chocolat, cassé la bouteille de champagne par terre et est revenu travailler à la galerie.

Je décide de changer de travail et après avoir réussi l'examen d'entrée à la SNCF, me voilà cheminot à la gare de Lyon à Paris.

Affecté aux bagages arrivés, je dois livrer les bagages sur présentation du reçu qui a été remis aux clients lors de l'enregistrement de leurs bagages à la gare de départ. Ces bagages sont classés chez nous du 0 au 9 et sont installés sur d'immenses tables et il nous suffit de chercher par rapport au n° pour les trouver et les remettre aux clients.

En période estivale et hivernale, il arrive que les bagages ne soient pas là quand les clients veulent les récupérer et les clients les moins compréhensifs nous traitent de tout. Je fais le dos rond et ne réponds pas. Mais lorsque de ravissantes clientes se présentent, je me propose d'aller avec elles jusqu'au wagon pour récupérer leurs bagages. En cours de route, je les invite à partager une boisson après mon travail, car quand je vais au wagon, mon travail finit un quart d'heure plus tard. J'ai, à vrai dire, eu plus d'acceptations que de refus, quelquefois on allait déjeuner et on passait un agréable après-midi.

Après deux ans passés à la SNCF, je décide de changer de travail et je rentre à la Caisse centrale des banques populaires.

Je ne garde pas un bon souvenir de ce travail car les employés sont moqueurs et se moquent d'un employé simplet. Je n'aime pas la moquerie méchante envers quelqu'un qui n'a pas d'armes de défense. Je leur dis : « Moquez-vous donc de moi au lieu de vous moquer de lui ». Ils se moquent de moi et je joue le stupide, le benêt, l'idiot du village, en quelque sorte le « Spountz » incarné avec brio par Fernandel au cinéma. Ils croyaient me démolir mais non car peu de temps avant que je retourne dans les Alpes, CAP d'employé de banque obtenu avec mention, j'ai dit aux employés moqueurs : « votre stupidité vous pousse à être méchants, vous ne pourrez jamais paraître intelligents, par contre moi j'ai pu apparaître stupide car quelqu'un d'intelligent peut paraître stupide ».

J'ai essayé en vain de rester dans une banque à Gap mais comme je déteste rester inactif, j'ai travaillé dans une entreprise de maçonnerie locale.

Les patrons sont gentils mais malheureusement partent un peu trop vite rejoindre le créateur.

Les ouvriers Tallardiens du BTP me font penser à « l'assommoir » de Zola. Ils ne savent pas rentrer chez eux avant d'avoir fait une soupe de pernods, soit beaucoup de verres. Au début, j'ai un peu bu mais je me suis vite arrêté car l'excès d'alcool, l'accoutumance conduisent à l'alcoolisme et l'on devient une loque. Par contre pour le fumeur si c'est autant néfaste, les effets ne sont pas les mêmes et socialement on n'est pas une loque.

En 1977, je rentre à la DDE 05 et je suis affecté à la brigade de Tallard. Je ne me suis jamais senti intégré dans cette brigade : deux ou trois agents, rois mages et lèche-bottes, et un contrôleur complice. Des évaluations et des notes catastrophiques. À Tallard, l'hiver on est sur la route de la Luye par un froid glacial et vous pouvez vous geler à faire la circulation avec le K.10. Ceux qui pensent que faire la circulation c'est la planque se trompent et, croyez-moi, c'est pénible l'hiver si vous n'êtes pas remplacé.

En temps de neige, les autres agents sablent au chaud, quant à moi je sable seul derrière une camionnette et j'ai toute la peine du monde à alimenter la sableuse avec la pelle car le gravier gèle. Pour tout cela je pensais avoir une fois seulement la moyenne mais non.

En 1994, au premier avril je suis affecté à la brigade de Gap, cours Émile Zola, mon contrôleur précédent est tout heureux de s'être débarrassé de moi, propos qui m'ont été rapportés peu après mon départ de la brigade.

À Gap, le premier jour j'avais la crainte que le scénario de la brigade de Tallard se remette en place, mais non car les agents sont sympathiques et le contrôleur compréhensif et lorsque je dois prendre une AA pour mon fils Autiste, pas de reproches. Dans ce cadre-là, l'amitié et la convivialité s'installent et je suis heureux.

Des faits marquants ont jalonné ma carrière à Gap. L'épopée du bidon est à noter. Sur la route nationale 94 peu avant la Bâtie-Neuve, un bidon de 200 litres est derrière la glissière de sécurité, j'en parle et les agents de Gap me disent qu'il est sur le secteur de la Bâtie-Neuve.

Pendant six mois, ce sont des palabres pour savoir qui doit enlever le bidon. Un jour, notre chef d'équipe nous envoie Jean-Marc et moi voir si le bidon est lourd et à ce moment-là prévoir une intervention au traceur. Arrivés sur les lieux, Jean-Marc me dit d'aller voir s'il pèse et on avisera. Arrivé au bidon, je le soulève. Il fait à peine une dizaine de kilos car la rouille a fait son œuvre. Je le prends donc à bout de bras comme s'il s'agit d'un haltère et je le pose dans la benne du camion. Arrivé dans la cabine j'éclate de rire et comme le rire est communicatif, Jean-Marc rit aussi.

En l'an 2000, nous rejoignons le conseil général, partition oblige et nous voilà installés route de Veynes. Deux agents de la brigade de la Saulce Jean-Claude et Francis nous rejoignent. Jean-Claude devient mon ami et Francis aussi.

En 2003, d'astreinte, je suis chargé d'arroser la route de la Rochette à Pont-Sarrazin avant que les coureurs du Tour de France ne s'élancent pour disputer l'étape. Arrivés sur les lieux je commence à essayer d'arroser la route car à cause de la canicule les spectateurs et spectatrices forment une marée humaine au milieu de la route et me supplient de les arroser. Alors je ne sais plus si je dois arroser la route ou les gens et comme j'ai une vue surplombante sur les corsages échancrés, je ne sais plus à quel saint me vouer.

Les autorités du tour de France font arrêter le camion et nous disent de nous garer sur le bord. Une fois le camion garé, nous assistons à l'arrivée de l'étape et soudain, une annonce : « chute de Joseba Beloki », mais il a chuté sur une portion de route que je n'avais pas arrosée. Armstrong tel un adepte du VTT a tiré droit dans un virage, virage appelé depuis virage Armstrong.

En 2004 je suis affecté à la sécurité active avec Claude surnommé Loulou mais moi je lui donne un deuxième surnom, œil de lynx car il voit tout, le moindre détail lui saute aux yeux. Souvent, il arrête le fourgon pour me faire ramasser un boulon et lorsque je ne le vois pas il descend et me dit : « Ah si ça avait été un billet de vingt euros, tu l'aurais vu. » Peu de temps après, notre ami Gaby nous quitte et nous l'accompagnons à sa dernière demeure.

En 2006 alors que je tonds la pelouse à la tondeuse, une ravissante visiteuse monte les escaliers et là mes yeux se portent sur la vue offerte et j'en oublie la tondeuse qui heurte une plaque d'égout.

Le deuxième souvenir est un souvenir miraculeux. En janvier 2008 par un froid glacial, si on pouvait traduire en berries, je ne dirais pas un froid de Sibérie mais de sept à huit berries.

Je suis chargé de la sécurité active, mission qui consiste à parcourir les routes et à noter sur un cahier les observations que l'on signale. Me voilà parti de bon matin avec le petit camion Jumpy muni d'une benne, parcourir les routes du secteur D. Arrivé à la Bâtie-Neuve, direction l'auberge du Sapet pour une pause-café. Ensuite direction les Aubins et après les Aubins on doit, en période hivernale, tourner à la dernière ferme, mais je décide d'emprunter le 211T, soit la route touristique que les concurrents du rallye de Monte-Carlo empruntent lors de la spéciale Ancelle – La Bâtie Neuve. Les premiers mètres, un peu de glace mais une centaine de mètres plus loin beaucoup de glace, si bien que le camion bien qu'équipé de quatre pneus clous n'avance plus.

À ce moment-là, à l'intérieur de mon véhicule je me dis que je n'ai aucun moyen de reculer mon camion car si je touche au frein, je vais droit dans le précipice. Je descends de mon véhicule qui est à point mort, frein à main serré. En descendant, je glisse et me voilà les quatre fers en l'air et pour couronner le tout le frein à main se desserre et voilà le camion qui part seul en marche arrière. À ce moment-là, je suis triste, désemparé, démuni, penaud, me voyant me faire passer un bon savon par mon contrôleur. Pour ne pas voir, je ferme les yeux et une poignée de secondes après, je les ouvre à nouveau. Miracle, le camion est arrêté vingt-cinq mètres plus bas par une branche. Je tombe à genoux et remercie Jésus, une chaleur surnaturelle m'envahit, de triste et désemparé, je suis gai comme un pinson. Revenant à la réalité, je me dirige à vitesse grand V vers mon camion, je constate qu'il n'a subi aucun dégât que le moteur tourne. Je monte à l'intérieur et là je comprends que Dieu est capable de reculer le camion à ma place car ce que je redoutais et croyais impossible a été réalisé, car normalement dix fois sur dix le camion aurait dû être dans le ravin.

Revenons sur terre, la partie n'est pas tout à fait gagnée pour autant. À l'avant deux cents mètres de glace vive et à l'arrière, six mètres seulement, puis du terrain sur vingt mètres, puis une petite plaque de glace, puis route sèche.

Je décide de partir un peu en marche avant de passer la marche arrière et de tout freiner sur le sec, ce que je réussis à faire au bout de quelques tentatives. Ayant eu trop peur, je fais demi-tour sur le sec. Quand j'ai fini de faire le demi-tour, un véhicule s'engage, je fais appel code phares et je descends de mon véhicule qui cette fois est à l'arrêt, marche arrière passée et frein à main serré. Je me rends vers les personnes et leur dis de faire demi-tour car la route est dangereuse. Ces personnes me remercient car elles ont un bébé à l'arrière. Que se serait-il passé, si j'avais tourné à la dernière ferme, peut-être un accident tragique ?

En redescendant, je m'arrête plusieurs fois pour soulager un besoin naturel. Lorsque ma journée est finie, je parle de ce que j'ai vécu mais pour tout le monde, ce n'est pas un vrai miracle mais une coïncidence.

Le soir, arrivé à la maison, j'ouvre mon dictionnaire : miracle, intervention divine bienveillante. Si c'était une coïncidence, les faits peuvent se reproduire. Exemple, cent camions reculent seuls du même endroit et s'arrêtent à la même branche. Je ne fais pas le pari de le vérifier, pour moi c'est un pur miracle.

Pendant une période, j'ai fait le clown en compagnie de Marc Thivolle et Anne-Marie Gaypara pour le compte de l'ASCEE 05 lors des arbres de Noël pour les enfants sages. Je n'ai pas peur d'être ridicule car le ridicule ne tue pas surtout si on le provoque. Déguisé en clown j'ai fait rire quand j'ai fait une roulade avant.

Malheureusement, je me suis mal réceptionné et j'étais à moitié Groggy, les enfants riaient aux éclats, et quand en couches-culottes et torse nu j'étais le plus beau bébé de France, j'ai également fait rire.

Avant de fêter mon départ à la retraite je tiens à dire qu'un chrétien doit être capable de pardonner soixante-dix-sept fois sept fois donc je pardonne à mon premier contrôleur et aux agents « rois mages » va ma compassion. Lorsque mon premier contrôleur a pris sa retraite, j'ai tenu à être présent. Michel est très gentil hors de son travail. Et de plus, il est excellent pêcheur, seulement à la ligne car il est chrétien et évite de pêcher.

Je tiens à mettre à l'honneur toutes les assistantes sociales qu'elles appartiennent au service de l'État ou du département. Si on ne peut pas leur demander la lune, on peut en revanche solliciter leur aide pour des problèmes divers.

Par exemple, un agent a des difficultés financières à un moment donné, il n'en parle pas et la difficulté risque de s'aggraver et de conduire à une situation catastrophique, par contre s'il en parle et rend visite à une assistante sociale, des solutions peuvent être trouvées au problème et on le résout souvent.

Je tiens à mettre à l'honneur tous les présidents des CLAS ainsi que ceux des ASCEE.

Enfin, je tiens à mettre à l'honneur tous les cantonniers de France qu'ils appartiennent au service de l'État ou du département, ils sont souvent critiqués, traités à tort de fainéants. Des affirmations qui ne sont pas vraies et non fondées car les cantonniers travaillent et ont la passion de leur métier et bien souvent ils rendent service à la population notamment en période hivernale, car combien de fois ils ont sorti les voitures tombées dans les fossés.

Le huit février 2008, je fête mon départ à la retraite autour d'un cochon de lait préparé par Jean-Michel.

Chapitre 5
Vie familiale

En février 1983 je vais en vacances dans le Sud de l'Italie en Calabre, invité par un ami Tallardien qui a une résidence secondaire dans le sud de l'Italie à San Costantino petit village situé à huit kilomètres de Vibo Marina. Lors d'une visite chez des amis à lui j'ai vu une jeune fille qui changeait les nourrissons et leur chantait des chansons avec une telle douceur que j'ai dit à mon ami si une Française changeait les nourrissons aussi bien, je l'épouserai sur le champ. Une Française, peut-être pas, mais une Italienne, oui. Mon ami a dit en calabrais ce que je lui avais dit à la jeune fille et c'est de là qu'a commencé ma rencontre avec celle qui allait devenir mon épouse.

En février, en Italie, c'est la période du carnaval. J'ai proposé à ma fiancée de me déguiser en femme et de prendre ses vêtements et elle de se déguiser en homme et de prendre mes vêtements. Au bal masqué, le DJ a passé un twist, danse que je danse assez bien et Mlle Cogno dansant le twist a été un succès et un tonnerre d'applaudissements a suivi. Après cela, dégustation de friandises et de glaces.

J'ai découvert des villes et des villages magnifiques et pittoresques qui font le charme de l'Italie et vraiment, ils méritent d'être visités. Vibo Valentia dit aussi Vibo Citta, la Mezia terme, Catanzaro, Serra San Bruno le village de naissance de ma belle-mère Tropea Bivone, Pizzo Calabro et ses rues et ruelles fleuries.

Le 16 février, nous partons pour Tallard.

Le 23 avril 1983, c'est le mariage civil à la mairie de Lettret, comme mon épouse est italienne, c'est la femme de mon ami qui fait l'interprète et quand elle se trompe pour la traduction c'est moi qui traduis, mon frère me dit c'est contraire au règlement mais on va faire une entorse au règlement. Le mariage civil a pu être prononcé. Le mariage religieux s'est déroulé dans l'église Saint-Grégoire de Tallard. Le voyage de noces en Calabre à Vibo Marina.

En 1984, mon épouse tombe enceinte et au mois de mars 1985, naît Christelle, ma fille aînée. Très jeune, elle commence à avoir la passion des chevaux et elle adore aussi les auto-tamponneuses enfantines. Adolescente, elle est bonne élève et pour se payer son cheval elle réussit à embobiner la patronne d'un hôtel de renom. La patronne m'a dit que votre fille a tellement envie de travailler que je ne pouvais faire à moins que de l'embaucher. Mélanie est sa camarade pour le cheval et je vous dis pas combien de fois je l'ai mené à Pelleautier chez Mélanie ou chez Claudine, sans parler du centre équestre de la Roche des Arnaud. Marion est sa camarade de classe de l'école primaire, puis secondaire et elles sont de bonnes amies. Marianne fera comme elle des études d'infirmière et papa est très fier de sa fille aînée : à l'oral de son examen, la question posée est la suivante : « Que savez-vous sur l'autisme ? » Ayant son frère autiste, elle a brillamment répondu et elle a obtenu la note de 19 sur 20, soit une excellente note. À l'écrit, elle a prié pour le calcul et ayant répondu au pif elle a eu 12 sur 20. L'épreuve pratique s'est déroulée à la maison de repos, « la Durance » à Tallard et sa notatrice s'est montrée très sévère mais les autres infirmières ont fait bloc et ma fille a pu avoir son diplôme.

Après une nuit passée à la maison de repos en tant qu'infirmière, elle passe son permis de conduire et elle le réussit du premier coup.

Avec Mélanie, les vacances se déroulent au Grau du Roi, au camping de l'Espiguette. Ce sont les baignades à la mer qui alternent avec les randonnées équestres, elles vont aussi au Maroc pour faire du cheval. Christelle est très persuasive et quand elle veut quelque chose, elle l'obtient toujours. C'est par la volonté qu'on arrive à un résultat. Sa foi chrétienne lui fera connaître l'Église évangélique et son club de jeunes. La foi s'est installée en elle et n'est pas prête à l'abandonner.

Mariée en 2012, j'ai été très fier de l'emmener à l'église Saint-Roch. Inès, sa fille âgée de six mois a assisté à la cérémonie, gardée par la sœur de Marion. Le mariage civil a eu lieu à la mairie annexe de Fontreyne et le repas a eu lieu à Pelleautier.

Elle est peu restée en France après son mariage car elle s'installe en Guadeloupe, île paradisiaque qui ressemble au jardin d'Eden et la chute d'Adam et Eve tentés par le serpent.

En 2015 naît Esther et Christelle est comblée de joie. La COVID-19 dérange un peu ses plans, mais Christelle résiste. J'ai hâte de lui rendre visite en Guadeloupe, car en hiver comme en été il fait toujours chaud pour se baigner.

Je pense que Christelle désire se rendre une nouvelle fois chez son oncle Amédéo à Pizzo Calabro en Italie où elle a déjà passé d'agréables vacances, chaperonnée par son oncle. Peut-être que la pandémie nous permettra d'y aller quand les mesures sanitaires seront moins restrictives.

Actuellement, Stéphane, son mari, assure le poisson et ce n'est pas si mal. À quand le retour à la métropole, question à se poser quand tes filles poursuivent des études supérieures. En attendant, bon vent à Marie Galante, à Basse-Terre, Pointe-Noire, Les Abymes, Saint-Barth, que de beaux endroits pour vivre heureux. Dieu a pensé à tout et a doté ces îles d'un trait de génie que lui seul est capable de faire profiter de chaque instant comme si c'était le dernier. Voilà la conclusion de ce que je voulais dire à ma fille aînée.

Papa

À Sonia

En 1986 au mois de novembre est née Sonia Adrienne. Sage, Adri ta marraine te prend souvent. À trois ans, tu zozotes, ta marraine et nous-mêmes adorons te faire chanter, « Au feu, les pompiers » et André se transforme en Angué, cette chanson combien de fois tu l'as chanté.

À l'école, tu es plutôt paresseuse et au collège de Fontreyne les notes ne sont pas brillantes pour ne pas dire médiocres, à l'inverse de ta sœur aînée. Mais tu rencontres le seigneur et peu de temps après, tu demandes le baptême à l'Église évangélique. À partir de ce jour tout change, de mauvaise élève au collège tu deviens au collège Sévigné une brillante élève et ton amour pour Ben grandit tellement que pendant la nuit à moitié endormie, tu prononces le prénom de ton amoureux.

Si Christelle poursuit des études d'infirmière, toi tu suivras à Montpellier, des études pour devenir éducatrice spécialisée. En 2007, tu unis ta destinée à Ben et voilà le mariage civil à la mairie de Gap. Je suis très fier de t'accompagner. Le mariage religieux a lieu à l'Église évangélique, et le repas à la cafétéria de Leclerc à Gap.

Dans un premier temps, tu t'installes à Montpellier où tu continues tes études. En 2009 naît Stella et tes études sont interrompues. Tu les reprends et tu réussis ton diplôme d'éducatrice spécialisée. Papa, maman et Mickaël viennent te rendre visite à Villeneuve lès Maguelone. Mickaël est très heureux de se baigner à Palavas les flots et d'aller le soir au Lunapark de Palavas.

Ayant ressenti l'appel de Dieu, Ben abandonne tout, et tes meubles encombrent toujours mon garage mais l'important n'est pas là. L'important est que Dieu fait toute chose belle en son temps. L'important c'est que Ben est maintenant Pasteur, que tu as un bon travail, que Stella et son frère Ruben soient heureux au Québec et que moi je suis heureux quand vous nous rendez visite lors de vos vacances. J'espère que la pandémie de la COVID-19 s'arrêtera car je meurs d'envie d'aller pêcher le saumon au Canada.

Voilà ce que je voulais dire à ma fille cadette.

Papa

En 1986, ma belle-mère nous quitte, emportée par un cancer.

Ah cette belle-mère, un exemple à suivre, car elle savait, avec le peu qu'elle avait, cuisiner quelque chose de bon et lorsqu'elle venait passer Noël chez nous, elle adorait manger la polenta que lui préparait mon père.

En 1987, mon père nous quitte emporté par un malaise cardiaque. En 1989 naît Mickaël et il est diagnostiqué autiste. À ce moment-là, j'ai compris que je devrais lutter contre les préjugés et faire en sorte de trouver des solutions pour lui. En 1993, je quitte Tallard pour venir habiter à Gap. En juillet 1994, nos premières vacances en famille à Nice.

La même année, au mois de septembre, le docteur Bachelet, notre médecin-pédiatre, nous demande de faire une demande d'admission pour notre fils à cinq ans au lieu de six à l'I.M.E, Le bois de Saint-Jean, une dérogation peut être accordée par le médecin-conseil de la CPAM ; une réunion en commission a lieu, à laquelle assistent le médecin-conseil de la CPAM, un représentant de l'I.M.E, la secrétaire de la C.D.E.S, notre pédiatre, le docteur Bachelet et nous-mêmes, les parents. Le docteur Bachelet, comme un brillant avocat, a beau plaider notre cause, il n'est pas écouté et le médecin-conseil s'appuyant sur le règlement refuse la dérogation. J'ai demandé à prendre la parole et j'ai dit au docteur : « Docteur vous faites passer l'administratif et le règlement en priorité sur le médical, et si la décision n'est pas contestable sur le plan administratif, elle est contestable sur le plan médical. Le docteur Bachelet connaît mon fils alors que vous ne le connaissez pas et si le docteur Bachelet a jugé que Michael est apte à intégrer l'I.M.E, Le bois de Saint-Jean, il faut lui faire confiance. Comme par hasard votre refus pour cette année sera une acceptation pour l'an prochain à l'âge légal, vous condamnez une famille à la galère. »

Sur ce, j'ai quitté la salle avec mon épouse sans claquer la porte car je suis poli. L'année suivante, mon fils entre à l'I.M.E, Le bois de Saint-Jean en qualité d'interne.

En 1998, c'est les vacances à Port Barcarès dans un appartement de l'A.S.C.E.E 66. Mon fils découvre le Luna Park et les auto-tamponneuses. Si au début les adolescents l'embêtent, les forains arrêtent le manège et une dizaine d'adolescents forains lui font une protection rapprochée en prenant place dans les voitures.

Le soir, je participe à un concours de pétanque triplette à la mêlée et je tombe avec deux gitans qui me disent nous on est très fort et si vous pointez bien on peut aller au bout. J'ai, en pointant, mangé la terre en laissant mes boules, 40 cm devant en plein axe du bouchon et j'ai réussi à tirer sans faire de dégâts, deux boules à la rafle et nous avons partagé en finale.

En l'an 2000, ce sont d'autres vacances à Port Barcarès.

En 2001, mon fils est mal, un séjour dans un autre centre lui est proposé et en fin d'année il est mieux.

En décembre 2001, nous partons en vacances à Forbach chez des cousins de mon épouse. Mickaël est ravi du séjour quant à moi j'apprends à jouer à la briscola, jeu de cartes italien. Le réveillon du jour de l'an se déroule à Wiesviller, village distant de vingt kilomètres de Forbach.

En 2002 c'est le passage à l'euro, adieu pouvoir d'achat car je me rappelle que dans mon entourage on disait jamais je n'accepterais de payer 15 francs pour 1 kg de patates, maintenant au marché de Gap c'est entre 2 € et 3 €, et si vous prenez la calculette 2 € = 13 francs, pour les haricots 5 € soit 32,79 francs, quant au litre de gasoil 1,56 € soit plus de 10 francs le litre. Malheureusement, les fiches de paie ne suivent pas, quant aux pensions de retraite, n'en parlons pas.

Cette parenthèse fermée nous passons d'agréables vacances.

Quand mes filles sont parties, mon fils autiste a ressenti un grand vide car ses sœurs n'étaient plus là.

En décembre 2018, il est très mal et perd sa place à la Mas Soleil Âme à Laragne-Montéglin alors comme un bon chrétien de l'Église évangélique, j'ai prié, intercédé et j'ai dit : « Seigneur tu as donné, seigneur tu as repris, mais que ton nom soit béni. »

Je remercie ma sœur Brigitte et ma nièce Vanessa qui nous ont réconfortés moralement et les frères et sœurs de l'église ainsi que les pasteurs qui ont prié avec nous. La foi est le petit quelque chose en plus qui permet d'espérer quand il n'y a plus d'espoir et aide à avancer au lieu de reculer.

Depuis 2019, mon fils est à l'hôpital psychiatrique à Laragne-Montéglin et quatre demi-journées par semaine il est admis au Foyer Accueil Médicalisé (FAM) à Gap. En 2020, j'ai adressé un courrier à la présidence de la république et la réponse a été assez rapide. Actuellement, il est inscrit sur une liste d'attente dans un FAM situé à Pélissanne dans les Bouches-du-Rhône. Et par ailleurs, d'autres centres peuvent proposer des places pouvant convenir à mon fils, et ce, dans la région PACA. M. Conati, chef de service au FAM à Gap m'a dit de ne plus prendre de décision avant de l'avoir consulté et si une place se libère, il ira avec moi visiter les lieux.

Décideurs, élus, membres d'association de la Région PACA, je vous lance un appel semblable à celui de l'abbé-Pierre en 1954, ne restez pas sourds, entendez les cris des autistes, voyez les pleurs des mères, faites en sorte qu'à l'échelle du département, de la région, des réunions puissent définir des actions en vue de la construction de centres. De grandes fortunes aident à financer les projets de construction de centres pour handicapés mentaux. Amendes du COVID-19, amendes de stationnement des villes des Hautes-Alpes, servez à financer des centres en faisant des dons à la M.D.P.H. Les patients ne peuvent pas parler pour vous remercier mais leur sourire sera le plus grand des remerciements. Malheureusement, je ne me fais guère d'illusions sur la suite qui sera donnée.

Chapitre 6
Crise de la COVID-19

Comme chacun le sait, la crise de la COVID-19 perdure. Je ne donnerais pas d'avis médical sur le pour ou contre le vaccin, ou le pass sanitaire, mais par contre, je suis choqué, indigné, révolté par les images de violence, de haine que l'on voit à la télévision en marge des défilés. Manifestants, vous ne manifestez pas seulement contre le pass sanitaire, mais aussi contre Macron et vous devez vous souvenir que casser, brûler, vous en prendre aux forces de l'ordre vous rabaissent au rang de l'animal, pour moi vous n'avez pas reçu de cerveau, la moelle épinière vous suffit. Comme punition, il vous faudrait effectuer des heures de travaux d'intérêt général dans des hôpitaux psychiatriques. Vous avez de la chance d'être en vie, d'être normal et de pouvoir vous exprimer et tout ce que vous savez faire, c'est casser, brûler, la voiture que vous brûlez appartient peut-être à quelqu'un qui a eu du mal à la payer.

Pour sortir de la crise de la COVID-19 et atteindre l'immunité collective, il faut que la planète entière se fasse vacciner et maintenant on a suffisamment de recul sur l'efficacité du vaccin pour le faire car si on éprouve de la défiance envers les autorités médicales du conseil scientifique, on provoque une bombe à retardement et un afflux massif dans les hôpitaux et les services de réanimation seront vite débordés.

Ce virus a des variants souvent plus dangereux que la souche mère qui provoquent des contaminations journalières record. Disciplinons-nous, choisissons la vie, et si cela passe par la vaccination, vaccinons-nous. Si cela passe par un traitement médical, acceptons de le prendre. Mon fils, autiste, ne supporte pas le masque et je ne peux le mener dans des endroits où le masque est obligatoire.

En 2022, l'élection présidentielle aura lieu, tous les candidats ou candidates rasent gratis, promettent à tout va font de la surenchère sécuritaire, veulent plus de détenus en prison… Mais dès qu'il y a un projet de construction de prison, les gens concernés n'en veulent pas, il faut savoir que le taux d'occupation des prisons est de 150 et 170 pour cent soit une énorme surpopulation carcérale. Dans ces conditions, il est difficile de respecter les consignes sanitaires. En matière de sécurité, le risque 0 n'existe pas, il faudrait un gendarme, ou un policier derrière chaque citoyen. Un ange gardien en quelque sorte. Alors ceux qui critiquent sont-ils capables de faire mieux.

Par contre, je n'ai pas entendu un candidat, ou une candidate parler d'un plan handicap sérieux et crédible, et à ce moment-là, soit je ne vais pas voter ce que je me refuse à faire, soit je voterai bonnet car ne dit-on pas bonnet blanc et blanc bonnet. Le vote blanc sera mon vote, il faudrait d'ailleurs que le vote blanc soit comptabilisé et influe sur les résultats, si d'aventure un candidat ou une candidate parle d'un plan autisme et autre pour les malades mentaux il aura mon suffrage. À ce sujet, le film « hors normes » est à voir.

En ce qui concerne les loisirs pendant le confinement, nous avons communiqué par Skype avec notre fils, nous ne sommes pas sortis de chez nous. Pour moi, la pandémie a été mal gérée au début, le professeur Salomon a manqué de sagesse en nous disant que les masques ne servaient à rien et qu'il fallait en faire cadeau au personnel médical et soignant, personnel applaudi tous les soirs à 20 h au balcon.

Nous avons repayé les masques que l'on avait donnés, puis une embellie et un peu de liberté, puis un autre confinement ce que je n'ai pas compris, c'est que les bureaux de tabac étaient ouverts et pas les commerces, comme les coiffeurs, ou magasin de vêtements. Le tabac dont on dit qu'il tue et qu'on augmente le prix n'est pas un produit de première nécessité et les tabacs auraient dû fermer, ce qui aurait permis aux fumeurs d'arrêter de fumer.

En 2022, si nous prenons de bonnes résolutions, nous pourrons nous en sortir, première résolution, arrêtons de toujours râler, contester, critiquer, d'être jaloux de son voisin, de rajouter un zéro sur la fiche de paie des autres, de considérer que les croix des autres sont légères à porter. Ce n'est que par la discipline que nous sortirons par le haut de la pandémie.

Actuellement, je ne peux me rendre ni au Canada pêcher le saumon ni en Guadeloupe pêcher en mer. Je ne peux pas non plus me rendre en Italie, saluer mes belles-sœurs, ma nièce et son fils.

Comme loisir, j'adore jouer à la pétanque mais à cause de la pandémie je ne peux pas jouer pour l'instant. Je regarde donc les grands champions de pétanque sur la chaîne l'équipe.

Au printemps et jusqu'à la fin de l'été, je jardine ce qui me permet de ne pas déprimer. Il me tarde de faire profiter mon fils, des baignades à la mer et des sorties pique-niques dans les si beaux coins des Hautes Alpes.

Si quarante ans c'est la fin de la jeunesse, soixante ans c'est le début de la vieillesse et soixante-quatorze ans, la vieillesse est déjà là.

Ma fille aînée va venir passer quelques jours de vacances au mois d'octobre et je ne manquerais pas de mener mes deux petites filles au manège enfantin situé place Jean Marcellin à Gap. Elles essayent d'attraper le pompon comme ma fille a essayé, comme papy a essayé aussi. Et vous lecteurs, n'avez-vous pas essayé aussi dans votre enfance. Si vous vous en souvenez plus, c'est que vous avez oublié qu'avant d'être des grandes personnes, vous avez d'abord été des enfants, malheureusement, les contraintes de la vie moderne nous poussent à vivre à cent à l'heure.

La vie n'est-elle pas comparable à un manège qui tourne, ne doit-on pas essayer d'attraper le pompon d'une promotion, d'un meilleur emploi, viser plus haut, se remettre en question ? La vie ne vaut rien, mais rien ne vaut une vie. La planète Terre ne nous appartient pas, ce sont nos enfants qui nous la prêtent.

Chapitre 7
La vie après la COVID-19

Après la COVID-19, il faudra trouver du temps pour soi, pour le loisir, la pêche en rivière ou au lac de Serre Ponçon, le jardinage, le jeu de boules de pétanque, les cartes dans les clubs des aînés. Je vous conseille, amis lecteurs, de vous fixer des objectifs à atteindre et d'être dans la vie de joyeux compagnons, de vivre en harmonie avec vos semblables, de prendre du temps pour vous, pour le loisir car la vie est courte et il faut profiter de chaque instant comme si c'était le dernier. En attendant, plutôt que de boire de l'eau minérale, marchez vers une source, n'oubliez pas que ce qui fait la beauté du désert, c'est qu'il cache une source, mais qu'il faut la trouver. En zone de montagnes, marchez et vous trouverez des sources et l'eau fraîche que vous boirez sera la meilleure qui soit car elle récompensera vos efforts, votre marche que vous aurez faite pour l'atteindre.

La marche en montagne permet d'avoir des vues magnifiques lorsque l'on gravit le sommet. Bure, Chaillol, la barre des Écrins, Pelvoux, la Meije, le grand Morgon, sont des montagnes à gravir.

Le vélo est un sport agréable, qui permet de rester en forme et ce ne sont pas les parcours qui manquent dans les Hautes-Alpes.

Le ski alpin et le ski nordique sont des disciplines qui permettent aussi de rester en forme mais peut être que le ski alpin revient cher pour les ménages modestes. La cueillette des champignons ainsi que la pratique de la chasse sont aussi des loisirs sains.

Vous comprenez mieux pourquoi j'ai quitté Paris et sa vie trépidante.

À Gap, au théâtre de verdure, le boulodrome de la Blache permet aux adeptes de la grosse boule dite boule lyonnaise de se retrouver pour s'adonner à leur sport favori. De l'élite à la quatrième division, le spectacle fourni n'est pas le même mais tous les boulistes passent une agréable après-midi.

Au mois d'août, c'est la coupe Robert Milon, en mémoire de Robert, qui avec Granaglia ont été les deux meilleurs joueurs de leur époque. Pour cette coupe, des quadrettes invitées parmi le gratin mondial en décousent tout l'après-midi, et la quadrette BFG essaye de tirer son épingle du jeu. Le spectacle offert est de très grande qualité, notamment les tirs au but et lorsque le but sort du jeu, c'est un tonnerre d'applaudissements. À la différence de la pétanque et du jeu provençal, un meilleur état d'esprit règne sur les jeux. Les meilleurs joueurs locaux sont malheureusement partis dans d'autres clubs, espérons que la BFG saura les récupérer. Actuellement, les joueurs de BFG entraînés par David Escalier sont champions de France élite 2.

En ce qui concerne la pétanque et le jeu provençal, beaucoup d'adeptes mais ils n'ont pas accès au boulodrome réservé à la Grosse Boule, mais ont à leur disposition une partie du boulodrome couvert. Le théâtre de verdure par beau temps permet de jouer à l'extérieur dans un cadre magnifique. Plusieurs sociétés de pétanque et de joueurs talentueux comme le vétéran gapençais Dédé Brinscioti, joueur complet et talentueux que tout le monde connaît, au palmarès éloquent.

Il a remporté plusieurs fois le critérium bouliste de Laragne ainsi que celui de Gap. Mon voisin Pierrot Roosen, associé à Popol Debard, est allé assez loin lors d'un championnat de France en doublettes.

Les Gapençais ont été champions de France en corporatif.

La triplette briançonnaise, composée de Jules Lorenzelli, Guy Jourdan et Joël Manoukian, a perdu en finale du Championnat de France triplette, et ils se sont qualifiés pour le Championnat du monde à Genève. C'est la seule équipe Haute alpine à avoir disputé un championnat du monde.

Jean Louis Lacroix associé à Jean Dubois et un troisième, dont je ne me rappelle pas le nom, ont remporté le mondial « La Marseillaise ».

Beaucoup d'anciens joueurs ont rangé leurs boules, Nanou Clare, Dédé Debard, Carlo Dastrevigne, Jacky Ange, etc. Beaucoup d'autres nous ont quittés, Jules Lorenzelli, Otto Maniéro, Placide Rubino, Max Caioli, Dominique Culoma et son père Léonard, Roger Masse,

Gontran Émile, Joseph Combal, Fernand Albaracine, Léon Girard, et peut-être d'autres encore.

En ce qui concerne le jeu provençal, Maud nous a quittés, ainsi que Max Caioli. C'est au jeu provençal que les doublettes et les triplettes ont remporté le plus de titres de champion de France, avec Louis Lacroix dit Blou, Christian Colonna, Aude André, Jean Pierre Escallier, Jean Pierre Ghebbano Martin, Max Caioli, Robert Houdelette.

Actuellement, il y a de talentueux joueurs qui pratiquent la discipline, Bachir Benferhat, Fabien Amar, Roland Sanchez, Jacques Bernard, dit Boule, etc. La pétanque se pratique aussi en famille, et est le sport le plus pratiqué.

Le foot est un sport que je n'ai jamais pratiqué, mais j'ai été dirigeant dans un club à Tallard et j'accompagnais les poussins lors des matchs. Mes recommandations étaient les suivantes : « Ne soyez pas tous sur le porteur du ballon, aérez votre jeu, faites des passes courtes, démarquez-vous, misez sur la rapidité et la précision, si une équipe vous est supérieure procédez en contre-attaque. »

En 1982, Coupe du Monde de football. La France de Platoche joue contre l'Allemagne de Rummenigge en demi-finale à Séville en Espagne. Le gardien allemand fait une sortie indigne sur Battiston, et ce dernier est évacué sur une civière. À l'issue du temps réglementaire, le score est de 1 à 1. Ce sont les prolongations. Nous débouchons la bouteille de champagne un peu trop tôt quand la France mène 3 à 1 mais elle se fait remonter, trois buts partout.

C'est la séance des tirs au but, Didier Six rate le sien et le géant Hrubesch met le sien au fond des filets et Ettori ne peut que constater les dégâts. Les habitants de Tallard aimant le foot prennent fait et cause pour l'Italie, et cette dernière sera championne de monde.

En 1998, finale de la coupe du monde : France-Brésil. Zizou marque deux buts de la tête et Emmanuel Petit marque le troisième but. Au coup de sifflet final, toute la France descend dans la rue pour fêter l'évènement.

En 2002, c'est le fiasco. En 2006, la France de Zizou perd en finale contre l'Italie aux tirs au but. En 2018, la France est championne du monde pour la deuxième fois de son histoire, mais il y a moins d'engouement populaire.

En 2022, la France disputera la coupe du monde au Qatar et décrochera peut-être la troisième étoile, et sera à une étoile de l'Italie et de l'Allemagne, et à deux étoiles du Brésil.

En ce qui concerne les championnats d'Europe, la France a été championne d'Europe en 1984, en 2000, et en 2021.

Chapitre 8
Hommage à Bébel

Le seul moment où j'ai ressenti l'union nationale, la ferveur populaire, c'est lors des honneurs et hommages rendus à Bébel aux invalides. Étant admirateur de Bébel, je n'ai rien raté de l'émission télévisée, et je te dis ciao Bébel, gavroche adulte, funambule hors pair, cascadeur, bagarreur. Tu es l'acteur qui nous ressemble et l'homme que l'on voudrait être, tu as su réconcilier la France avec elle-même et les applaudissements m'ont fait chaud au cœur. Au paradis des artistes, tu attends avec ton ami Lino que des bagarreurs vous rejoignent ; En attendant avec ton ami Bourvil, tu souris et tu nous adresses un coucou malicieux.

Hélas ! La ferveur populaire disparaît vite car la France ne sait pas s'unir. De tristes faits divers provoquent chez moi une incompréhension totale. Un prêtre est égorgé dans son église. Au Bataclan et au Stade de France, une tuerie sanguinaire. À Charly hebdo et à l'hypercacher, tuerie aussi. Ces attentats sont commis au nom de l'islamisme radical. Musulmans modérés, partez en lutte contre ceux qui vous font beaucoup de mal, car après les partis d'extrême droite vous mettent dans le même sac. Si le Coran prêche la haine, ce n'est pas une religion à suivre, mais je ne pense pas que le Coran prêche la haine. À Nice, un camion fou tue des personnes innocentes. Contre le terrorisme et les actions commando, il est difficile d'anticiper et n'importe quelle ville, même Perpignan, n'est pas à l'abri d'une action commando car un semi et un kamikaze peuvent tuer en masse.

Dans ma jeunesse, il est vrai que la société était moins violente, plus respectueuse des valeurs. Il est vrai qu'à l'école primaire la morale m'a été enseignée, ce qui ne fait de tort à personne. Il est aussi vrai que la jeunesse actuelle a du mal à trouver ses repères ; crise sanitaire, difficulté à trouver du travail. Mais je conseille aux jeunes de faire preuve de courage et de volonté, et de se fixer un but à atteindre, d'éviter la violence et la haine, de ne pas tomber dans le piège de la drogue et de toute sorte de délinquance.

Mon vœu pour 2022 est qu'une prise de conscience se fasse, que la haine, la violence diminuent, que la pandémie de la COVID-19 ne soit plus qu'un mauvais souvenir et on tirera un trait sur cet épisode.

Chapitre 9
L'importance de Dieu

Si pendant un certain temps j'ai erré, cœur rebelle, étant croyant mais non pratiquant, il a fallu que Dieu se manifeste dans la forêt du Sapet où j'ai ressenti comme une présence que je ne peux expliquer de manière humaine mais là j'ai ressenti une chaleur surnaturelle de tout mon organisme. Peu de temps après, nous avons été baptisés, mon fils et moi, à l'Église évangélique. Vous allez me dire pourquoi votre fils est à l'hôpital psychiatrique, je vous réponds que les lois du Seigneur sont impénétrables. Il peut me mettre à l'épreuve pour éprouver ma foi. C'est Dieu qui, à travers Jésus, sait toute chose et agit par le Saint-Esprit quand bon lui semble, alors il s'agit de lui faire confiance. Crois-tu lecteur athée que les apôtres auraient fini leurs vies en martyrs, crois-tu que Saül serait devenu l'apôtre Paul, s'il n'avait pas été arrêté sur la route de Damas, crois-tu qu'Étienne le premier martyr de l'église ait vu la gloire des cieux s'ouvrir devant lui avant de mourir. Pour être sauvé on ne te demande pas de gravir le mont Sinaï, ni de te tremper sept fois dans les eaux du Jourdain, mais seulement de confesser de ta bouche que

Dieu le Père a envoyé son fils unique Jésus mourir sur une croix, la croix du calvaire afin que quiconque croit en lui ne périsse point, mais qu'il est la vie éternelle.

Actuellement, des chrétiens parlent en langues comme les apôtres dans nos églises. Si tu en doutes viens les écouter, Dans le monde les pasteurs missionnaires prêchent l'évangile au péril de leurs vies et ils sont récompensés par des miracles et des prodiges Casseurs si vous entendez le message de l'évangile, vous ne casserez plus, consommateurs de drogue, si vous entendez le même message de l'évangile, vous vous en sortirez. Vous serez si vous demandez le baptême des êtres nouveaux, toute chose ancienne aura disparu, toute chose sera devenue nouvelle. Alors, prenez un peu de temps pour une fois seulement assister à une réunion d'évangélisation dans une église évangélique. Un jour le Seigneur Jésus reviendra et pour la création deux destinations possibles, le Paradis ou l'étang de feu, alors pourquoi choisir un lieu de souffrance.

Chapitre 10
La société telle que je la conçois

La société telle que je la conçois est malheureusement une société utopique, je conçois une société où les très pauvres seraient moins pauvres et les très riches un peu moins riches et cela passe par une meilleure répartition des richesses. En France, on sait fixer un salaire minimum et l'on demande aux Smicards un rendement maximum. Les minimas sociaux sont trop bas et écartent les classes moyennes de l'APL et d'autres prestations sociales. Pour moi, le plafond pour les APL et la prime d'activité devrait s'élever à 2600 € pour un couple et à 3000 € ayant un adulte handicapé à charge cela est possible de le financer si on taxe un peu plus les énormes profits des actionnaires du CAC40 et si on prélève un peu plus les gros salaires. En 2017, une loi est parue qui stipule que l'AAH peut se cumuler avec une pension retraite, c'est absolument faux car il faut que le cumul retraite plus AAH ne dépasse pas 903 € soit le montant de l'AAH. Trouvez-vous juste qu'un parlementaire retraité perçoive sa retraite et en plus son indemnité d'élu ? Personnellement, je ne trouve pas cela juste.

À cause de la crise sanitaire, les prix des carburants sont montés en flèche et les prix à la consommation aussi.

Les retraités n'ont pas vu leurs pensions augmenter et les salariés smicards ont de plus en plus de mal à s'en sortir, la bourse ne s'est jamais aussi bien comportée et les grandes fortunes n'ont pas ressenti la crise sanitaire.

La société, telle que je la conçois, est une société plus juste où chacun se sentirait bien, serait heureux de vivre et respecterait les valeurs que je place au-dessus de tout. Respect de la personne humaine, courtoisie, politesse, tout cela m'a été enseigné à l'école primaire lors des cours de morale. Malheureusement, ma société est utopique. Amis lecteurs, tes enfants et petits-enfants ont une dette colossale à rembourser et elle se chiffre à des milliers de milliards soit une somme astronomique, somme qui est d'ailleurs un puits sans fond car chaque année l'état emprunte sur les marchés financiers et est noté. Les Français sans avoir emprunté remboursent la dette sociale, mais ne savent pas où passe l'argent prélevé. Actuellement, il faut un plan de relance certes mais qui se fait avec une augmentation des bas salaires et des petites retraites. Il faut baisser les prix du carburant. Pourquoi ne pas autoriser le fioul domestique dans les moteurs Diesel ? C'est juste un colorant qui différencie le gasoil du fioul et le prix n'est pas le même. Si on laisse le mécontentement perdurer, les gilets jaunes se manifesteront tôt ou tard et tôt ou tard un régime d'extrême droite sera au pouvoir. Ma crainte est que les fours crématoires reprennent du service et que les chambres à gaz fonctionnent à plein régime. Pour mon fils, je ne veux pas revoir le scénario d'Holocauste où les malades mentaux étaient gazés. Pour le fondateur du Front national, les chambres à gaz sont un détail de l'histoire. Je fais confiance aux électrices et aux électeurs pour empêcher ce scénario.

En 2022, j'espère pouvoir voyager, je meurs d'envie d'aller en Guadeloupe pêcher en mer et au Canada pêcher le saumon.

En 2022, je ne sais pas qui sera président ou présidente de la République mais je souhaite qu'un plan soit prévu pour les handicapés mentaux et que les promesses faites se concrétisent par des actes crédibles qui améliorent le sort des résidents.

J'ai reçu un SMS de la part du Petit Prince en provenance de son Astéroïde B612 et il m'a dit qu'il s'ennuyait sur sa planète, sa fleur est toujours sous cloche le mouton mange les mauvaises herbes et il a réussi à apprivoiser un renard. Le soir quand il écoute la télévision c'est toujours de la COVID-19 dont on parle. Il m'a demandé des nouvelles de Saint-Exupéry et je lui ai dit que Saint-Exupéry est un habitant de la planète paradis, qu'ici en France, la vie est difficile et qu'il ne vaut mieux pas qu'il revienne pour l'instant parmi nous.

Comme on s'approche de Noël, je vais vous parler d'un extrait du livre des contes et légendes de Charente Poitou. Les deux personnages principaux du récit sont Corentin le cordonnier, Corentin est boiteux et bossu et Michel, le second personnage, est bistrotier et il est assez moqueur. La légende dit que des lutins habitent la lande et son marais et que pour la période de Noël, ils accordent les vœux que lui formulent ceux qui se rendent au marais. Mais d'abord, il faut leur jouer de la musique avec un instrument et s'ils apprécient, ils peuvent vous accorder votre vœu ou sinon vous pouvez être précipité dans le marais et vous risquez de périr noyé. En cette veille de Noël, Corentin est triste et se rend chez Michel pour boire un verre. Michel le sert et se moque de lui et lui conseille d'aller rendre visite aux lutins. Corentin boit son verre et sort. En cours de route, il se dit : « Qu'ai-je à craindre, je joue très bien de l'accordéon et je vais jouer *Il est né le divin enfant*. »

À 19 h, Corentin se dirige vers le marais, les lutins lui demandent de jouer de l'accordéon quand il joue *le divin enfant*, les lutins se mettent à danser en farandole et ils sont très joyeux. Une fois que Corentin a fini de jouer, les lutins lui demandent quels sont ses vœux. Corentin répond : « Mon premier vœu est que je ne sois pas précipité dans le marais. Mon second vœu est que je ne sois plus bossu ni boiteux. » Les lutins lui accordent les deux premiers vœux mais comme ils savent que Corentin n'a pas demandé la fortune, ils la lui accordent aussi. Corentin est tout joyeux et va boire un verre chez Michel. Quand Michel le voit droit comme un i et marchant normalement, il dit à Corentin « Tu aurais dû demander la fortune. » Sur ce, il ferme son bar, prend son violon et se dirige vers le marais. Les lutins lui demandent de jouer de la musique, il interprète une rhapsodie hongroise. Quand il a fini de jouer, les lutins lui demandent ses vœux, Michel dit : « Accordez-moi tout ce que Corentin n'a pas voulu. » Le voilà précipité dans le marais devenu bossu et boiteux. Il croyait avoir la fortune, ce fut la bosse et la boiterie qu'il eut.

Chapitre 11
L'art d'être grand-père

En vacances chez moi, mes deux petites filles sont allées avec moi cueillir des champignons dans la forêt de Ceüzette située à Sigoyer les Guérins. Elles m'ont agréablement surpris par leur intérêt à trouver des champignons. Je leur ai dit de ne pas en cueillir avant de m'avoir consulté, et seulement après que j'ai donné mon avis, je leur donnerai un couteau afin qu'elles cueillent correctement les champignons.

Dans la forêt, mes deux petites filles ont parcouru le bois assez vite et j'ai eu du mal à les suivre. J'ai d'abord cherché des « sanguins » mais sans succès, mais nous avons trouvé beaucoup de « petits gris » et à vrai dire ce sont elles qui les ont trouvés. À 74 ans, on est vite fatigué, mais elles, elles auraient pu en ramasser des heures durant. J'ai fait remarquer à mes petites filles, la beauté du paysage automnal, les couleurs passent du vert des sapins et des pins à l'ocre des chênes et hêtres et les feuilles tombent. Un peintre pourrait faire un tableau car le décor pourrait être immortalisé sur une carte postale.

À 16 h, nous avons quitté la forêt et malheureusement nous n'avons pas pu visiter la chèvrerie car elle était fermée, du coup ma sœur et ma fille n'ont pas pu acheter des tommes de chèvre. À 16 h 30, nous arrivons à la maison pour le goûter. À 17 h, ma fille commence à faire faire les devoirs à ses filles et elle perd vite patience car ses filles ne veulent plus travailler. Je les ai prises à part et je leur ai dit : « Papy a fait comme vous au lycée et au collège et au lieu de faire des études supérieures, il s'est contenté du BEPC. Si vous voulez réussir dans la vie, il vous faut bien travailler à l'école dès maintenant. Libre à vous de travailler ou pas, si vous travaillez bien à l'école vous pourrez choisir votre métier, si vous travaillez mal, vous n'aurez pas le choix car vous serez soit caissière ou employée de supermarché, soit femme de ménage, ou auxiliaire de vie. C'est maintenant que tout se joue. N'oubliez pas que vous ne travaillez pas pour votre maman, mais pour vous, et les bons résultats c'est maintenant que vous devez les obtenir et c'est maintenant qu'il faut prendre les bonnes résolutions. » Elles ont suivi mes conseils et travaillent mieux. Mes petits-enfants installés au Québec travaillent bien à l'école, ma petite fille Stella a perdu en finale d'un tournoi de Basketball, mon petit-fils Ruben est plus espiègle mais travaille assez bien à l'école.

Quand mes petits-enfants viennent nous rendre visite, je partage leurs jeux, redécouvrant ainsi mon âme d'enfant. Ma petite fille Esther m'aide souvent pour l'informatique et a sept ans. Elle pianote mieux que moi. Il est vrai qu'à mon époque l'informatique n'était pas à la mode. Étant assez limité pour l'informatique, j'arrive à peine à communiquer avec mes filles par Skype ou

Facebook, j'arrive aussi à jouer aux cartes en ligne et malheureusement les insultes gratuites pleuvent quand on perd. Si on aime gagner, on doit accepter de perdre et de ne pas toujours accuser son partenaire des fautes que l'on a commises.

La vie moderne a fait que la robotisation remplacera tôt ou tard la main-d'œuvre humaine et les emplois de demain seront plutôt dans ce domaine. Les réseaux sociaux diffusent trop d'images de haine. Il est souhaitable que les parents surveillent leurs enfants et évitent qu'ils aillent trop sur internet et les consoles de jeu. D'ailleurs, mes filles sont assez strictes à ce sujet et préfèrent que leurs filles jouent avec leur papy à Gap au parc Givaudan où elles se défoulent avec mon petit fils qui est casse-cou.

Avant de repartir en Guadeloupe, voici un poème écrit par ma petite fille Inès, 9 ans. Il s'intitule « Le vent ».

Le vent

Le vent souffle souvent
Sur les branches d'un arbre gracieux
Le vent souffle sur les feuilles
Qui atteignent les nuages pleins d'orages
Le vent accélère lors d'une tempête
Quand le vent effleure mon visage
En petites brises je suis heureuse
Mais quand il est plus froid
Je dis A gla-gla.

Inès Mourinet

Chapitre 12
Nos racines

Le 18 mai 1987, mon père est parti, emporté par un malaise cardiaque. Mon frère, ma sœur, un voisin et moi avons assisté à la réanimation effectuée par le médecin du SAMU et les pompiers de Tallard. Au bout de vingt minutes de massage cardiaque, le médecin du SAMU a dit à ma mère : « Madame, nous ne pouvons plus rien faire sur le plan médical, je ne peux pas délivrer le permis d'inhumer car il revient à votre médecin traitant de l'établir. » Ma mère a téléphoné au médecin traitant ainsi qu'aux pompes funèbres. Les employés des pompes funèbres ont habillé mon père et l'ont mis en bière. Ma mère, mon frère et ma sœur sont partis, et je suis resté pour veiller le défunt. Ayant assisté à ses derniers instants, je peux dire que mon père est parti aussi paisiblement qu'il a vécu.

Assis dans son fauteuil au pied du poêle éteint au mois de mai, tous les souvenirs d'enfance sont revenus à ma mémoire, le Noël 1956 et les autres Noëls, Louis le pauvre bougre déjeunant et dînant à notre table, le repas d'anniversaire de mon épouse et de ma sœur, le mariage en 1983, la polenta que mon père préparait pour ma belle-mère. En allant me coucher, j'ai prié pour l'âme du défunt et aussi pour que ma mère, mon frère et ma sœur surmontent l'épreuve. Pour les funérailles, beaucoup de monde et beaucoup de paroles de réconfort.

Ma mère a habité pendant deux ans à Tallard puis, sur les conseils d'une amie veuve comme elle, elle est revenue habiter à Lettret, et ce jusqu'en 2006. La maladie d'Alzheimer commence à faire son œuvre, ne pouvant rester seule à Lettret, elle est hébergée chez ma sœur à Tallard avant d'être placée en maison de retraite dans un premier temps au Rio Vert à la Saulce, puis à Tallard à la Durance. En 2015, elle ne reconnaît plus personne et, au début de l'année 2018, elle se fracture le col du fémur. Ma nièce Vanessa et mon épouse se relaient pour la faire manger.

En début juin, au temps des cerises, elle décède à la maison de retraite. Les funérailles ont lieu à l'église Saint-Grégoire de Tallard, voici le discours que j'ai lu à l'église.

Maman,

Maman, j'ai choisi pour toi, pour te rendre hommage, un verset de Jean. Chapitre 14, Verset 6 : « Jésus dit, je suis le chemin, la vérité, la vie. » Aujourd'hui, je ne parlerais que du chemin. Ton cheminement avec Dieu a été un parcours avec beaucoup d'épreuves, mais grâce à tes prières, tes intercessions, tu as su entretenir ta foi en priant à la maison, mais aussi à Notre-Dame-du-Laus, de la Salette, de Lourdes, de San Damiano. Plus tu priais, mieux tu intercédais pour des sujets qui te tenaient à cœur.

L'église Saint-Grégoire de Tallard était un lieu où tu aimais venir. Je te remercie d'avoir donné à tes enfants une éducation chrétienne. Un beau jour du mois de mai, ton compagnon est parti. Tu as surmonté cette épreuve grâce à ta foi et tes prières. Un beau jour du mois de juin, pour le temps des cerises, chanson que tu aimais tant, tu nous quittas. Si ton cheminement terrestre s'arrête là, ton chemin spirituel continue. Dieu a tant aimé le monde qu'il lui a donné son fils unique, Jésus, afin que quiconque croit en lui ne périsse point et qu'il ait la vie éternelle.

Maintenant, maman, tu peux avoir deux certitudes. La première, la plus importante, c'est que Jésus est présent dans cette église car lorsque deux ou trois sont réunis en son nom, il est présent au milieu d'eux.

La seconde certitude, c'est que la parole de Dieu est vérité et vie, et par conséquent ta future destination est un aller simple gratuit pour le Paradis promis. Nous, tes enfants, nous tâcherons de suivre ton exemple, ton chemin, pour avoir la même direction que toi à l'heure venue, et nous souhaitons la même chose à nos enfants, qui eux-mêmes souhaiteront le même sort à leurs enfants, et ceci de génération en génération.

Amen

En regagnant ma place, mon ami Jean Michel, maire de Tallard, m'a fait la bise et a dit à mon épouse : « Surtout, que Jeannot ne change jamais. »

La cérémonie religieuse terminée, nous avons suivi le fourgon funéraire jusqu'au cimetière, le cercueil a été sorti du fourgon pour être déposé sur quatre pieds afin d'être béni par les personnes présentes. Les personnes extérieures à la famille parties, ma sœur, malgré ses larmes, a lu le très beau discours qu'elle avait préparé.

À 13 heures, repas chez ma sœur Brigitte. Comme tout le monde était triste, j'ai demandé à mon beau-frère Bruno un bout de papier et un stylo et j'ai écrit ce discours que j'ai lu à la famille.

Voici le discours :

Hommage aux miens : le temps des cerises, à bicyclette

C'est à bicyclette que j'ai demandé la main d'Augustine. Nous vous avons élevé comme nous avons pu, du mieux que nous avons pu. Un beau jour du mois de mai, je suis parti, pour le temps des cerises. Au mois de juin, Augustine m'a rejoint. Mes enfants, ne pensez pas à nous en pleurant car si vous devez pleurer, pleurez un bon coup mais après ne pleurez plus. Maintenant, ne soyez pas tristes, car si vous êtes tristes vous ne pourrez pas sortir pour contempler le ciel et voir les étoiles qui seront autant de grelots qui vous feront penser à nous et ce n'est pas dans les pleurs que l'on veut que vous pensiez à nous. Alors, ne soyez pas tristes et contemplez les étoiles en souriant, elles seront autant de grelots qui vous feront penser à nous, et nous, d'en haut, nous vous ferons un coucou malicieux.

Soyez tranquilles, on veille sur vous.

Avez-vous remarqué que pour le départ de mon père et de ma mère j'ai employé le terme beau jour. En effet, le défunt part ; c'est le rappel à Dieu, par contre pour ceux qui restent, il faut prier pour que Dieu les aide à surmonter l'épreuve. De la famille Cogno, il ne reste que deux ou trois tantes que je ne connais pas et des parents en Italie que je ne connais pas non plus. Il serait bon que la famille Cogno se retrouve pour perpétuer l'esprit de famille. Il serait bon aussi qu'on puisse faire l'arbre généalogique afin que nos enfants et petits-enfants sachent qui étaient leurs parents, grands-parents, et arrière-grands-parents. De la famille Mattei, au départ de ma mère, plus d'enfants. Mon oncle Louis est mort tragiquement lors d'une partie de chasse.

En conclusion, je souhaite pouvoir passer encore un peu de temps sur cette terre et voir grandir mes petits-enfants et voir mon fils heureux dans un centre. Je souhaite à tous une très bonne année 2022.

Imprimé en Allemagne
Achevé d'imprimer en octobre 2022
Dépôt légal : octobre 2022

Pour

Le Lys Bleu Éditions
40, rue du Louvre
75001 Paris

www.ingramcontent.com/pod-product-compliance
Lightning Source LLC
Chambersburg PA
CBHW062346010826
49168CB00024B/290

* 9 7 9 1 0 3 7 7 7 4 7 7 4 *